L'Animal
Thérapeute

Note sur l'auteure

Janet Ruckert exerce la profession de psychothérapeute depuis plus de vingt ans. Docteure en psychopédagogie et ancienne présidente de la *Gestalt Therapy Institute* de Los Angeles, elle a enseigné l'expression créative et la gestalt-thérapie à l'Université de Californie à Los Angeles. Elle est membre de la *California Psychological Association*, de l'*American Psychological Association*, et de la *Delta Society*, un regroupement international de scientifiques, d'éducateurs et de médecins qui se consacrent à l'exploration des rapports entre humains et animaux.

JANET RUCKERT

L'ANIMAL THÉRAPEUTE

ou

*Comment votre animal de compagnie
peut vous aider à résoudre vos problèmes*

traduit de l'anglais par
Marguerite Reavis

Données de catalogage avant publication (Canada)

Ruckert, Janet, 1926-
   L'animal thérapeute, ou, Comment votre animal de compagnie peut vous aider à résoudre vos problèmes

   Traduction de : The four-footed therapist

   ISBN 2-920083-87-2

   1. Animaux familiers – Emploi en thérapeutique. 2. Psychothérapie. I. Titre. II. Titre : Comment votre animal de compagnie peut vous aider à résoudre vos problèmes.

RC489.P47R8314 1994   616.89'14   C94-941404-2

Conception graphique et
photographie de la couverture : Carl Lemyre
Nous remercions la Fondation Mira pour sa collaboration à la photographie de la page couverture.

Infographie : Deval Studiolitho Inc.

Titre original : *The Four-Footed Therapist*,
            Ten Speed Press

ISBN 2-920083-87-2

Dépôt légal : 4ᵉ trimestre 1994
            Bibliothèque nationale du Québec
            Bibliothèque nationale du Canada

Distribution : Diffusion Raffin
            7870, Fleuricourt
            St-Léonard, Qc
            H1R 2L3

REMERCIEMENTS

Ce livre ne serait pas complet si je ne rendais hommage à mes amis bipèdes et quadrupèdes pour leur aide et leur soutien. Les encouragements que m'ont offerts Irene Webb et Mel Berger se sont avérés d'une valeur inestimable. Je suis tout particulièrement reconnaissante à Norman Lobsenz, Victoria Pasternack (et ses deux chats), Robert Windeler, Janna Wong Healy, et Ron Baron, de *Norman Winter and Associates*. J'aimerais également remercier le personnel du *Santa Barbara Writer's Conference* pour leur foi en ce projet et exprimer ma gratitude à mon éditeur, Patti Breitman, et à toute l'équipe de *Ten Speed Press*.

J'aimerais également profiter de cette occasion pour remercier mes patients qui m'ont aidée dans mes recherches, acceptant la participation de mes animaux thérapeutes à leur thérapie. Je suis reconnaissante aux membres du *West Los Angeles Obedience Club* de leur patience grâce à laquelle Delilah a obtenu son diplôme de « Chien de compagnie ». Je remercie également les membres du *Golden State Rottweiler Club* d'avoir accru mon appréciation et mon respect envers les rottweilers.

J'aimerais remercier Leo Bustad, Linda Hines et la *Delta Society* du temps et de l'énergie qu'ils consacrent au développement du lien entre humains et animaux, sans oublier Hugh Tebault, la *Latham Foundation*, et Phil Arkow, dont l'expertise m'a grandement aidée.

Un grand merci à mon mari, David, qui, avec amour et patience, m'a aidée à dresser nos chiens et à élever nos chats, et qui a accepté de bon cœur de promener Lorelei et

Delilah au cours des longs week-ends où j'étais occupée à rédiger ce livre.

Et bien entendu, j'aimerais enfin rendre hommage à mes animaux thérapeutes, Lorelei, Delilah, Clancy, Casey et Merlin, dont la patience et la gentillesse envers les humains ont inspiré ce livre et qui m'ont offert leur amour et leur soutien au cours de sa rédaction.

Janet Ruckert
Los Angeles, Californie
Mai 1987

PRÉFACE

Si j'avais eu l'occasion de lire *L'Animal thérapeute* il y a quelques années, j'aurais peut-être pu éviter de commettre deux erreurs grossières en ce qui concerne ma fille Lisa et deux de ses animaux...

Elle avait alors douze ans. Ma femme et moi venions de nous séparer et son frère avait reçu un chiot en cadeau. Peu de temps après, Lisa exprima le désir d'avoir un chaton. J'acceptai mais « à certaines conditions ». Très vite, je fus dépassé par le duo chiot-chaton et lui expliquai, aussi « raisonnablement » que possible, que nous ne pouvions garder le chaton, sans tenir compte de l'impact que ma décision aurait sur son estime de soi.

Quelques années passèrent et Lisa eut la permission, à son tour, d'avoir son propre chiot. Deux années plus tard, face au comportement indiscipliné de celui-ci, je décrétai qu'il lui fallait s'en occuper plus attentivement. Après maints avertissements – en « adulte raisonnable » encore une fois – je décidai de confier le chien à quelqu'un qui habitait la campagne.

Ma fille, maintenant adulte, a toujours eu à se débattre contre un manque de confiance en soi et semble douter de son aptitude à gérer sa vie avec succès. Rétrospectivement, je m'aperçois que par mes actions passées, je lui ai refusé son autonomie et son aptitude à prendre de bonnes décisions.

Je n'entends pas par là que mes comportements ont été la cause de son manque de confiance en soi, mais après la lecture de ce livre, je dois admettre qu'il existait des solutions plus créatives qui auraient pu tirer parti du pouvoir thérapeutique de l'amour et du soutien inconditionnels des animaux.

N'est-ce pas un cadeau merveilleux pour chaque propriétaire d'animaux de compagnie de réaliser l'amour et le soutien que ceux-ci lui offrent vingt-quatre heures sur vingt-quatre.

Jean Schulz,
président du conseil d'administration de
Canine Companions for Independence

réalisateur du documentaire
« What a Difference a Dog Makes »

INTRODUCTION

À LA DÉCOUVERTE
DES ANIMAUX THÉRAPEUTES

J'ai découvert pour la première fois que les animaux sont des thérapeutes nés le jour où mon chat de Birmanie, Clancy, m'a accompagnée au bureau. Je travaillais alors, depuis quatre mois déjà, avec une petite fille âgée de huit ans qui souffrait d'une dépression causée par le divorce de ses parents survenu deux ans auparavant. Cathy* vivait avec sa mère. Elle m'avait confié ses sentiments de solitude et d'isolement, mais sans jamais les rattacher à l'absence de son père. En fait, Cathy était incapable de parler de ses sentiments à son égard. J'appréhendais que le traumatisme provoqué par cette séparation ne mette beaucoup de temps à émerger. Mais au cours de cette visite, la fillette aperçut Clancy et sourit pour la première fois depuis notre rencontre.

Cathy s'assit par terre, prit le chat sur ses genoux et se mit à le flatter. Je lui expliquai qu'il était là parce que je

---

* Tous les noms utilisés dans ce livre sont fictifs.

devais l'emmener chez le vétérinaire après sa visite. Clancy répondit volontiers à la tendresse de Cathy en se pelotonnant sur ses genoux et en se mettant à ronronner. Quelques instants plus tard, tout en continuant à le caresser, Cathy confia à Clancy combien son père lui manquait. Elle lui raconta les moments qu'il avait passés avec elle à jouer, à lire des histoires et, le soir, à la border dans son lit. Les larmes se mirent à couler le long de ses joues.

Le fait de tenir et de caresser ce petit animal doux et chaleureux mit Cathy en contact avec ses sentiments les plus profonds et fit remonter à la surface la douleur de perdre la présence quotidienne de son père et sa nostalgie du noyau familial. En aidant la fillette à exprimer ses sentiments refoulés, l'arrivée de Clancy lui permit également de commencer à les surmonter. Cathy était maintenant prête à se mettre en route pour retrouver une enfance normale et heureuse.

Le but de *L'Animal thérapeute* est de fournir au lecteur des indications grâce auxquelles chacun – enfant, adulte, célibataire, marié ou retraité – pourra recourir à son animal de compagnie pour résoudre ses problèmes émotionnels quotidiens. La version de la zoothérapie que je présente dans ce livre est basée sur les principes que j'ai élaborés en utilisant les animaux de compagnie comme thérapeutes. Elle s'inspire de centaines de cas que j'ai eu à traiter dans lesquels des animaux ont aidé mes patients à progresser dans leur thérapie. Les nombreux exercices et suggestions ainsi que les diverses entrevues et anecdotes qui illustrent ce livre vous sont proposés afin que vous puissiez appliquer ces mêmes techniques pour aborder vos problèmes et trouver vos propres solutions.

La moitié des foyers américains ont un animal de compagnie. *L'Animal thérapeute* explique comment celui-ci peut devenir votre conseiller et vous aider à surmonter les problèmes associés à la solitude, au manque de confiance en soi, à la passivité, au stress dû au travail, aux difficultés à s'engager dans les relations humaines, aux conflits conjugaux et à la crise de la quarantaine. Ce livre montre également comment votre animal peut vous aider à vaincre les difficultés que posent l'éducation d'un enfant dans une famille monoparentale, la rivalité entre frères et sœurs, la discipline, l'absence d'un parent, les communications entre parents et enfants et la crise de l'adolescence. Les exercices et jeux suggérés favorisent le bien-être physique et réduisent le stress psychologique.

Il importe toutefois de reconnaître que ni le thérapeute ni l'animal thérapeute n'ont le pouvoir de *guérir*. L'un comme l'autre sont là en tant que catalyseurs servant à révéler à l'individu sa propre capacité à surmonter ses problèmes psychologiques. Dans la description des cas abordés dans mon cabinet, les exercices sont quelque peu modifiés pour l'usage à domicile. Ils visent tout particulièrement les problèmes psychologiques d'ordre mineur. Les troubles majeurs tels que les phobies, les angoisses, les fortes dépressions, l'abus de substances toxiques et les troubles caractériels nécessitent l'assistance d'un thérapeute qualifié. *L'Animal thérapeute* ne prétend pas résoudre vos problèmes, mais se veut simplement un guide qui vous aidera à trouver et à utiliser de façon créative et saine vos propres potentialités.

Le psychodrame, la visualisation et les affirmations, lorsqu'employés adéquatement, peuvent stimuler le développement personnel. Plusieurs exercices décrits dans cet ouvrage ont été adaptés pour la zoothérapie à partir de techniques utilisées depuis longtemps dans la thérapie clinique et les groupes de soutien. Bien que la présence d'un animal ne soit pas essentielle à leur succès, elle facilite cependant le travail. Certes, il n'est pas toujours facile de s'asseoir tout seul, de regarder sa vie objectivement et de prendre les mesures nécessaires pour la changer. Votre animal de compagnie peut vous apporter son amour et son soutien au cours de ce processus. Sa chaleur favorisera la réflexion et l'honnêteté. C'est alors que vous découvrirez peut-être un nouvel aspect de vous-même et commencerez à changer votre vie de façon positive.

Après cet épisode avec Cathy et Clancy, je décidai d'amener ma chienne Lorelei, un rottweiler allemand, à mon cabinet. Lorelei savait d'instinct qu'elle devait se montrer attentive – selon les besoins – aux personnes qui me consultaient. Si elle sentait qu'une personne était triste, par exemple, elle s'asseyait à ses pieds. Parfois, elle posait sa tête sur les genoux d'un patient, si elle sentait que ce geste était approprié. Je remarquai la façon dont elle aida un couple, que je suivais depuis quelques mois déjà, à résoudre un conflit conjugal. Au cours d'une visite, Lorelei se promena de l'un à l'autre, leur prodiguant son attention et son affection. Lorsqu'elle s'assit aux côtés de la femme, celle-ci se sentit en sécurité et put avouer à son mari combien elle avait besoin de lui. Elle adoucit la voix et se remémora les premières années de leur mariage, alors que son mari lui offrait le même amour inconditionnel que Lorelei lui prodiguait à présent. Lorsque la chienne s'assit aux pieds du mari, il put enfin confier à sa femme qu'il se sentait abandonné depuis son retour aux études, car elle avait de moins en moins de temps à lui consacrer. Se sentant rejeté, il s'était replié sur lui-même. Tous deux souffraient de solitude et d'un manque de communication. La présence chaleureuse et sécurisante de Lorelei leur permit d'exprimer leurs sentiments jusqu'alors dissimulés.

En observant attentivement les rapports entre les animaux et mes patients, j'ai pu constater que, dans bon nombre de cas, l'animal possède inconsciemment la clé de leur être intérieur. J'ai également remarqué que mes animaux ont le pouvoir de percer les multiples masques et remparts dont s'entoure le patient, pour faire émerger les souvenirs joyeux ou douloureux. La présence de l'animal semble mettre en lumière spontanément les sentiments de la personne et ses besoins émotionnels. Dans la plupart des cas, l'attention que l'animal offre au patient lui fournit suffisamment d'assurance et de soutien pour s'aventurer dans l'exploration approfondie de son être intérieur ou d'une relation intime.

On m'a souvent demandé si je recours aux animaux dans chacune de mes thérapies. La réponse est non. L'idée de se confier à un animal ou de se livrer à des exercices avec lui ne sourit pas à tout le monde. Cependant, la plupart de mes patients sont heureux de voir l'un de mes chiens ou de mes chats lors de leurs visites, et ne manquent pas de remarquer leur absence. La présence d'animaux confère au cabinet une atmosphère familiale propice à des rapports détendus. Mes patients qui possèdent un animal de compagnie prennent plaisir à effectuer leurs exercices à la maison avec leur propre animal. L'expérience m'a démontré que les patients qui travaillent avec des animaux thérapeutes progressent plus rapidement que les autres.

On me demande souvent également comment une personne allergique aux chiens ou aux chats peut faire ces exercices. Il a été démontré que la présence des oiseaux et des poissons est aussi salutaire que celle des animaux domestiques plus conventionnels, en ce qui a trait à la longévité et à la tension artérielle. Des études menées en Grande-Bretagne ont montré l'action bienfaisante des perroquets sur les personnes âgées. L'adoption d'un oiseau a sensiblement amélioré leur estime d'elles-mêmes et a suscité chez elles le désir de fréquenter d'autres personnes. Leur conversation se détourna de leurs problèmes physiques pour mettre l'accent sur leurs oiseaux[1]. Il a également été démontré que l'observation des poissons tropicaux réduit l'hypertension et favorise la relaxation[2].

Le présent ouvrage s'adresse particulièrement aux personnes qui veulent travailler à leur développement personnel, mais offre également de précieux outils de travail aux enseignants, aux pédagogues, aux infirmières, aux travailleurs sociaux et aux psychothérapeutes qui aimeraient utiliser les animaux dans la relation d'aide. *L'Animal thérapeute* est donc destiné à tous ceux qui désirent enrichir leur vie et celle de leurs semblables par le biais de la relation entre l'humain et l'animal.

Mes animaux thérapeutes sont au nombre de cinq : trois chats de Birmanie, Clancy, Casey et Merlin, et deux rottweilers, Lorelei et Delilah. Ils ont prodigué leur amour, leur attention et leur soutien à plusieurs de mes patients qui recherchaient l'acceptation de soi.

Avoir un animal chez soi favorise les activités saines, contrôle l'hypertension et assure une compagnie stable, ce qui contribue à accroître notre espérance de vie. Dans le chapitre suivant, nous examinerons de façon plus approfondie comment nos animaux de compagnie peuvent nous maintenir en bonne santé.

AVERTISSEMENT

Je me dois de souligner que mes patients ne participent pas tous à la zoothérapie. Ce livre met l'accent sur ceux qui en ont apprécié les bienfaits au cours de leur thérapie. Le plus souvent, il s'agit de personnes qui ont eu des rapports privilégiés avec les animaux au cours de leur enfance ; une fois adultes, elles sont donc réceptives à cette forme de thérapie. Il importe également de noter que la zoothérapie n'est qu'*un* aspect du processus thérapeutique qui, dans plusieurs cas, exige des années de travail sur soi. J'ai choisi de ne parler que de certains aspects de ce processus. Les anecdotes que je raconte dans ce livre décrivent les moments de contact direct entre le patient et l'animal. Bien que ces instants puissent paraître comme des percées faciles, il ne faut pas oublier qu'ils font partie d'un long processus au cours duquel le patient, le thérapeute et l'animal ont collaboré de façon continue.

Un certain nombre de cas décrits dans les pages qui suivent m'ont été rapportés par des propriétaires d'animaux de compagnie ou par leurs parents. Ces personnes ne sont pas en thérapie, mais ont appris à considérer leur animal comme un allié, un modèle et un soutien. Leurs expériences prouvent que chacun, qu'il soit en thérapie ou non, est à même de bénéficier de l'aide d'un animal thérapeute.

1

VOTRE ANIMAL PEUT VOUS MAINTENIR EN BONNE SANTÉ

L'ANIMAL ET VOTRE BIEN-ÊTRE PSYCHOLOGIQUE

Les animaux sont des thérapeutes nés. Leur présence, leur sensibilité au contact humain et leurs besoins élémentaires donnent à leurs propriétaires un sentiment de sécurité émotionnelle qu'ils ne trouvent généralement pas dans ce monde instable où tout évolue en accéléré. Les animaux nous offrent une source intarissable de chaleur, de confiance et d'amour inconditionnel. Si nous avons eu de la chance, nos mères nous ont comblés de ces sentiments au cours de notre petite enfance, mais il est peu probable que nous les ayons ressentis de la même façon depuis. L'affection que nous communiquent les animaux et l'attention qu'ils nous portent instinctivement nous rappellent cet état de béatitude. Cette expérience fondamentale d'amour et de sécurité peut être reproduite dans nos rapports avec nos animaux. Les comptes rendus de recherches (dont certains sont rapportés dans ce chapitre) montrent que les animaux nous procurent, entre autres, un sentiment d'utilité, de sécurité et de chaleur familiale ; ils se montrent sensibles à nos humeurs et nous incitent à l'exercice physique. Les animaux de compagnie nous aident à nous dépouiller de nos nombreuses carapaces et, dans certains cas, à affronter nos besoins les plus profonds.

Le vétérinaire britannique Bruce Fogle a compilé, dans son ouvrage intitulé *Pets and Their People* [3], une série d'enquêtes montrant que les propriétaires d'animaux considèrent leurs compagnons comme des membres à part entière de la famille. Ils se confient volontiers à leurs animaux, persuadés que ceux-ci sont sensibles à leurs humeurs.

Les animaux de compagnie sont toujours affectueux, disponibles et dépourvus d'esprit critique. Ils considèrent leur maître comme la personne la plus merveilleuse au monde. Il n'est donc pas étonnant que nous puissions si facilement nous détendre en leur parlant et en les caressant.

Le docteur Aaron Katcher, professeur de psychiatrie, et le docteur Alan Beck, professeur d'écologie animale, tous deux à l'Université de Pennsylvanie, explorent le sens de la compagnie animale dans leur ouvrage intitulé *Between Pets and People* [4]. Ils poursuivent, depuis 1977, des recherches dans ce domaine au *Center on the Interactions of Animals and Society* de l'Université de Pennsylvanie, dont le docteur Beck est le directeur. Leurs études confirment la théorie selon laquelle les propriétaires d'animaux attribuent couramment à leurs compagnons des qualités humaines. Cet anthropomorphisme contribuerait directement à leur estime d'eux-mêmes et à leur santé.

Il peut sembler absurde, de prime abord, de traiter son animal comme un être humain, mais la plupart des propriétaires d'animaux le font quotidiennement. Cette tendance se manifeste de plusieurs façons :

Nous leur donnons un nom.

Nous leur parlons.

Nous leur donnons notre propre nourriture.

Nous dormons avec eux.

Nous les emmenons chez le docteur quand ils sont malades.

Nous justifions leur comportement auprès des autres.

Nous les traitons comme des enfants.

Nous les enterrons et pleurons leur perte quand ils meurent.

Dans un autre ouvrage intitulé *Interrelations Between People and Pets* [5], le docteur Aaron Katcher présente les résultats d'une enquête menée à l'École vétérinaire de l'Université de Pennsylvanie sur cet aspect des relations entre humains et animaux : 98 % des 120 personnes interrogées parlent à leurs animaux. Il est également intéressant de noter que 94 % d'entre elles leur parlent comme à un être humain et que 81 % sont convaincues que leurs animaux sont sensibles aux sentiments humains.

L'ANIMAL ET VOTRE BIEN-ÊTRE PHYSIQUE

Dans leur livre *Between Pets and People*, les docteurs Katcher et Beck soulignent également l'importance du lien entre l'humain et l'animal sur le plan de la santé physique. Ils ont observé que la présence d'animaux contribuait au bon fonctionnement du cœur, et que l'intimité qui naît du simple fait de leur parler et de les caresser réduisait l'hypertension et le stress. Le fait d'accueillir son chien ou d'observer des poissons tropicaux dans l'aquarium peut, en effet, provoquer chez l'individu des transformations salutaires. Ces chercheurs ont également constaté que la simple présence d'un animal au cours d'une conversation réduisait le stress entre les personnes présentes.

Between Pets and People présente une autre étude effectuée au *Center for Interaction of Animals and Society* par le docteur Erika Friedmann sur la relation entre la présence d'un animal à la maison et la convalescence consécutive à de graves troubles cardiaques. Celle-ci a interviewé 92 patients hospitalisés à la suite d'un infarctus. Les résultats de ses recherches montrent que le taux de mortalité parmi les patients qui possédaient un animal représentait le tiers seulement de celui des patients qui n'en avaient pas. Ils indiquent également que l'effet thérapeutique d'un animal sur les malades atteints de troubles cardiaques était tout aussi marquant chez les personnes mariées que chez les célibataires, ces derniers survivant aussi longtemps que les personnes mariées. Erika Friedmann en conclut que les rapports avec les animaux ne remplaçaient pas les rapports humains, mais qu'ils contribuaient grandement à la qualité de la vie du patient et accroissaient ses chances de survie.

Le docteur Michael McCulloch, psychiatre de Portland, en Oregon, est un pionnier dans l'étude de l'influence des animaux sur les malades mentaux. Dans un article intitulé « The Pet as Prosthesis », rapporté dans *Interrelations Between People and Pets*, il décrit les résultats d'une enquête dans laquelle les 31 patients interrogés souffraient à la fois de troubles physiques et de dépression associée à leur maladie. Ces 31 personnes possédaient toutes un animal de compagnie. Dans leurs réponses aux questionnaires, la plupart d'entre elles confièrent que leurs animaux étaient d'un grand soutien moral au cours de leur maladie, qu'ils les distrayaient de leurs soucis, les sécurisaient, les incitaient à faire de l'exercice, les divertissaient et leur donnaient un sentiment d'utilité. Le fait d'avoir un animal à leur charge rehaussait leur estime d'eux-mêmes au cours d'une période où ils étaient contraints de dépendre d'autrui. Le docteur McCulloch en conclut que la compagnie d'animaux était d'une grande aide au cours de la convalescence et que dans un certain nombre de cas graves, il serait même approprié de recommander que le malade adopte un animal de compagnie.

Les animaux sont une source intarissable de créativité, de surprise et d'humour. Leurs maîtres ne sont jamais à court d'humour et de rires. Leurs gambades énergiques et imprévisibles assurent une dose quotidienne de plaisir et d'amusement. Ceci est particulièrement significatif si l'on tient compte du fait que le rire et le divertissement peuvent contrecarrer la maladie, comme le démontre Norman Cousins dans ses livres *The Healing Heart* [6] et *Anatomy of an Illness* [7]. Il y montre combien les patients recouvrant d'une maladie cardiaque sont enclins à la dépression. Il y explique également la corrélation entre un état d'esprit négatif et la prédisposition aux troubles cardiaques et au cancer.

Ces quelques exemples, parmi tant d'autres, font ressortir l'influence exercée par les animaux sur la santé physique et démontrent que leur présence et leur contact remontent le moral et accélèrent la convalescence. Avoir un animal thérapeute n'est pas une cure en soi, mais aide considérablement un malade à récupérer d'une maladie physique ou mentale. Les animaux *peuvent indéniablement* nous maintenir en bonne santé.

L'IMPORTANCE DE S'ARRÊTER POUR FAIRE LE POINT

Nos agendas surchargés, notre course constante contre la montre, le stress causé par notre travail et nos études et le caractère compétitif de notre société ont une influence néfaste tant sur le corps que sur l'esprit. Les cardiologues Meyer Friedmann et Ray Roseman montrent, dans leur livre intitulé *Type A Behavior and Your Heart* [8], le lien étroit entre le tempérament et la prédisposition aux crises cardiaques. Ils ont observé que les personnes qui s'acharnent continuellement à produire davantage et qui vivent sous la contrainte du temps sont particulièrement vulnérables aux maladies cardiaques. Ces individus qui possèdent un tempérament de « type A » sont énergiques, ne reculent devant aucun défi et ne consacrent guère de temps à la relaxation. Un emploi du temps impraticable peut réduire notre espérance de vie.

Selon l'endocrinologue Hans Selye, auteur du *Stress de la vie* [9], l'esprit émet des avertissements au corps et le corps réagit en manifestant des symptômes de stress chronique. Ces contraintes – ou *stresseurs* – forcent le corps à réagir comme s'il était lui-même menacé, entraînant ainsi une tension musculaire, des maux de tête, des maux d'estomac, l'insomnie, l'hypertension et une prédisposition aux maladies cardiaques. Le stress chronique est un phénomène aux effets cumulatifs. Si l'on ne s'en occupe pas dès le départ, il s'aggrave au fil des années, accroissant les risques de maladie.

Nous sommes vulnérables au stress non seulement dans notre travail et nos études, mais aussi dans notre vie privée. Les déceptions conjugales et les conflits familiaux, entre autres, doivent être résolus, faute de quoi ils laisseront leurs empreintes sur notre corps et reviendront nous hanter par la suite et nous rappeler nos malaises. Les petites frustrations peuvent s'amplifier et se multiplier et risquent éventuellement de déclencher des accès de colère.

Nous rencontrons tous de petits problèmes quotidiens et des frustrations. Le stress ne deviendra pas chronique si nous en connaissons la cause et si nous faisons le nécessaire pour en venir à bout. Une des méthodes pour développer l'estime de soi consiste justement à prendre la responsabilité de sa santé physique et mentale. Cette prise en charge exige du temps, mais en vaut largement la peine. Le stress chronique est un domaine où nos animaux thérapeutes peuvent nous apporter les premiers soins.

Avoir un animal chez soi, c'est comme vivre avec un thérapeute qui nous initie à la relaxation instantanée. Le simple fait de regarder son animal, de le caresser, de jouer avec lui ou de lui parler a un effet bénéfique immédiat sur le corps. Sa simple compagnie réduit la tension artérielle et l'anxiété. Les animaux trouvent toujours l'endroit le plus confortable pour se détendre. Vous remarquerez que leur vie est exempte de stress. Nous gagnerions beaucoup à suivre leur exemple. Parmi tous ceux qui s'adressent à un thérapeute dans l'espoir de résoudre leurs tensions, il y en a plusieurs à qui la prescription d'un animal de compagnie serait salutaire.

Un des participants à mon groupe de relaxation s'appelait Jim. Âgé de trente-six ans, il était l'agent de change le plus coté de son entreprise. Il arrivait généralement au bureau à sept heures du matin pour scruter les valeurs du jour affichées au tableau et sur son ordinateur, afin de conseiller ses clients dès la première heure. Ses recommandations étaient judicieuses et donc très recherchées. Il aimait son travail, avait un bon rapport avec sa clientèle et se sentait responsable de leur réussite. Mais son rythme effréné de travail commençait à affecter sa santé. Il était en proie à des migraines chroniques. Sa femme lui conseilla de prendre du repos, mais il n'arrivait pas à s'arracher à ses habitudes de travail. Son médecin lui confirma que ses migraines étaient directement liées à son style de vie et lui suggéra de me consulter. Bien que Jim fût venu en thérapie pour trouver un remède à ses migraines, il lui fallait avant tout examiner ses priorités émotionnelles.

«Je suis toujours sur le qui-vive, à vérifier les fluctuations des valeurs boursières», dit Jim, «et je suis suspendu au téléphone. Les muscles de mon cou se tendent chaque fois que je vois les valeurs s'afficher sur l'écran, car je sais l'impact que cela pourrait avoir sur ma clientèle. Je me sens responsable de leurs gains et de leurs pertes. »

Sa voix s'intensifiait et se tendait au fur et à mesure qu'il décrivait sa situation. Ma chienne Lorelei, qui était assoupie sur un gros pouf, se leva et alla le voir. Jim s'interrompit et se pencha pour la caresser. Je ne dis mot car Jim était de toute évidence à l'aise, assis là en silence, caressant la tête de Lorelei. Il s'enfonça dans le divan et savoura un moment de répit.

Au cours des mois qui suivirent, nous examinâmes ensemble ses antécédents familiaux et discutâmes de son besoin de travailler sous pression et de se sentir responsable d'autrui. Le père de Jim était un comptable qui, au cours de la Crise, avait dû faire de nombreuses heures supplémentaires afin de subvenir aux besoins de sa famille. Étant le fils aîné, Jim se vit confier la responsabilité de ses frères et sœurs pendant que leurs parents étaient au travail. Son père et sa mère lui avaient tous deux inculqué un sens de la responsabilité et de l'éthique, et son père lui avait souvent parlé de la situation économique du pays. Empreint de ce code moral, Jim devint un adulte responsable. Cependant, il avait oublié de s'occuper de sa santé. Après que nous eûmes travaillé ensemble à corriger certaines attitudes profondément ancrées en lui, je l'invitai à se joindre à notre groupe de relaxation, composé en partie de personnes qui, tout comme Jim, étaient des bourreaux de travail et avaient besoin de réduire leurs activités stressantes et d'apprendre à se détendre.

Nous nous réunissions le samedi, tous confortablement vêtus. Mes animaux les plus détendus (un de mes chiens et deux chats) étaient nos symboles pour l'après-midi. Assis par terre, nous les observions attentivement. Lorelei était allongée par terre et avait l'air aussi tendue qu'un gros oreiller ! Les chats, quant à eux, étaient étendus sur le tapis et avaient l'air de s'ennuyer. Après avoir étudié leurs mouvements, nous avons respiré profondément et fermé les yeux pour laisser aller toutes nos tensions. Bientôt nous étions prêts à imiter les mouvements de nos « maîtres ». Chaque participant choisit un animal, chien ou chat, comme modèle, et se mit à avancer à quatre pattes, tout en laissant son imagination guider ses mouvements. Certains grognaient et sautaient comme des chiens. D'autres devenaient des chats sauvages, miaulant et rôdant à la manière des félins. Tous avaient réussi à incarner l'esprit de l'animal. À la fin de l'exercice, chacun s'effondra par terre, lentement et mollement. Les problèmes et les tensions de l'univers humain s'étaient évaporés. Cet atelier de relaxation permit aux participants d'intégrer les apprentissages de la thérapie dans leurs situations personnelles.

Exercice n° 1 – Mouvements de relaxation animale

Voici un exercice agréable qui vous aidera à vous détendre et ne manquera pas de vous divertir. Vous pouvez le faire seul ou inviter un ami à se joindre à vous. Si vous n'avez pas d'animaux, empruntez-en un. Le but de cet exercice est de vous libérer de vos tensions et de vous sensibiliser à votre corps et à la nature animale. Les mouvements suggérés ci-dessous vous mettront sur la bonne voie. Laissez ensuite votre imagination vous guider.

1. Allongez-vous par terre à côté de votre animal. Fermez les yeux. Respirez profondément et laissez les tensions s'échapper de votre corps.

2. Ouvrez les yeux et observez la posture de votre chien ou de votre chat. Mettez-vous à quatre pattes et imitez-le.

Si vous avez pris un chat comme modèle, pétrissez le tapis comme il le ferait avec ses griffes. Aiguisez vos griffes sur un oreiller. Imaginez-vous maintenant rôdant comme un chat. Avancez comme un prédateur. Laissez vos pieds nus s'enfoncer dans le tapis et sentez la « terre » que vous foulez. Ouvrez la bouche et miaulez. Étirez-vous. Faites comme si vous étiez au beau milieu de la jungle.

Si votre modèle est un chien, vous pouvez faire semblant d'être un jeune chiot espiègle. Inspirez-vous en observant ses jeux et ses cabrioles. Sautez à votre tour et imaginez-vous courant après une balle ou un bâton. Roulez-vous par terre, les quatre pattes en l'air. Aboyez.

3.   Savourez ce sentiment de liberté et de nonchalance. C'est le moment rêvé pour rire et faire des âneries.

4.   Imitez le caractère détendu de votre animal. Allez trouver l'endroit le plus douillet et effondrez-vous.

Lorsque vous aurez terminé cet exercice, vous aurez la sensation d'avoir l'esprit libre et votre corps sera parfaitement détendu. Ainsi, votre animal thérapeute peut vous aider à franchir le premier pas vers la maîtrise de la relaxation.

COMMENT TRANSFORMER LES PASSAGES DIFFICILES EN EXPÉRIENCES ENRICHISSANTES

Les conséquences pénibles qu'entraînent les pertes ou les bouleversements dans la vie d'un individu ne sont pas l'apanage de l'enfance. Une fois adultes, nous franchissons des « passages » émotionnels et sociaux. Le fait d'être adulte ne les rend pas moins effrayants. Un changement d'emploi, une séparation ou un divorce, la crise de la quarantaine ou la perte d'un être cher peuvent nous faire perdre notre équilibre. Ces situations qui nous mettent au défi sont souvent pénibles et peuvent entraîner des troubles physiques. Les accepter et les transmuer en sagesse requiert un grand courage. En nous rappelant les cycles naturels de la vie, les animaux nous apportent de l'espoir au cours de ces périodes éprouvantes.

Le stress causé par les transitions difficiles est ce qui amène la plupart des personnes en thérapie. Les diverses pertes et les bouleversements nous contraignent à trouver des solutions et à nous renforcer afin que les prochaines étapes soient positives.

L'épidémiologiste H.G. Wolff et les psychologues Thomas Holmes et Richard Rahe ont été les premiers à explorer le lien entre les changements importants de la vie et la santé [10]. Une autre étude, plus récente, a démontré que la façon dont les gens abordent les changements de la vie influence directement leur santé physique et mentale. Notre aptitude à faire face au changement peut grandement affecter notre santé. Ceux qui ne voient que le côté négatif des cycles de la vie risquent fort de développer des maux tels que l'anxiété, la dépression, l'hypertension ou peut-être même des maladies plus graves qui mettent leur vie en péril. Toutefois, nous pouvons apprendre à transmuter notre stress en une expérience constructive, préservant par là même notre santé [11].

Il faut être fort émotivement pour aborder une nouvelle phase de la vie et affronter l'inconnu. Pour cela, nous avons besoin de l'aide de nos proches. Un animal domestique peut également nous être d'un grand soutien au cours d'une période difficile, parfois même plus que notre famille et nos amis. Sa compagnie nous procure un sentiment de constance et de sécurité émotionnelle, qui vient peut-être du fait de sa grande stabilité. Les changements qui affectent la vie de famille, l'amitié et le travail peuvent nous amener à douter de notre valeur personnelle. Nos animaux nous aiment et nous acceptent tels que nous sommes. Ils voient en nous des pourvoyeurs dignes de confiance et d'amour. Leur reconnaissance indéfectible nous aide à affronter les situations difficiles.

Barry, un de mes patients, dut traverser un de ces boule-versements majeurs. Il travaillait depuis deux ans comme représentant publicitaire pour un magazine régional. Âgé de trente-trois ans, il se surmenait et ses efforts n'étaient pas appréciés à leur juste valeur. Chaque jour, il devait s'efforcer de se surpasser. Puis le magazine fut vendu et Barry, remercié de ses services. Il sombra alors dans la dépression. Le soir, à la maison, il se mit à boire une bière, puis deux, puis trois, puis quatre, tout en essayant de lutter, en vain, contre un sentiment de rejet. Ne réussissant pas à se tirer de cet état dépressif, il décida de consulter un théra-peute.

« Je ne sais pas pourquoi je suis si déprimé. Lorsque je travaillais, je n'arrêtais pas de me plaindre. Maintenant que j'ai été congédié, c'est comme si j'avais été recalé à un exa-men. Je n'arrive pas à me reprendre en main. » Barry s'effondra sur le divan et resta là, sans bouger. Ma chienne Delilah s'approcha de lui et l'observa affectueusement. Il se baissa pour la caresser.

Barry s'apitoyait sur son sort. Mais le fait de se terrer chez lui et de s'adonner à la boisson n'allait pas le soulager. Nous avons consacré plusieurs visites à parler de son enfance, des événements qui l'avaient conduit à travailler pour le magazine, et de ses ambitions. Il avait honte d'avoir été mis à la porte. Au cours d'une séance, je lui fis faire un exercice avec Delilah. Il devait se confier à elle et prétendre qu'elle pouvait compatir à sa douleur. Au début, il avait du mal à s'épancher, mais petit à petit, il se mit à lui raconter combien, enfant, il se sentait seul sur le plan affectif et com-bien il avait besoin de se sentir accepté. Assis à côté de Delilah, il a revécu la peine ressentie à toujours courir après l'approbation de son père. Pour y arriver, il joignit une ligue de baseball pour les jeunes, joua comme quart arrière dans l'équipe de football de son école et s'inscrivit dans des équipes sportives à l'université. Ses succès sportifs étaient le seul moyen par lequel il savait se faire accepter par son père.

«Pourquoi ne pouvait-il pas m'aimer tel que j'étais?» me confia Barry, en se remémorant les blessures de son enfance. «Je n'en pouvais plus d'avoir à me pousser sans cesse vers de nouvelles gloires. Il ne me laissait pas un seul moment de répit.» Barry mit son bras autour de Delilah. Après plusieurs séances, il réussit enfin à donner libre cours à son sentiment d'impuissance et à se dégager des attentes de son entourage. Il se rendit compte à quel point il avait toujours cherché à satisfaire autrui. Après avoir ressassé ses émotions avec l'aide de Delilah, qui n'exigeait rien de lui et ne le jugeait pas, il commença à se sentir plus libre. Ce sentiment positif se développa au cours des mois qui suivirent, et Barry put enfin assumer la responsabilité de sa propre vie.

Plus tard au cours de sa thérapie, Barry apprit à s'accepter – y compris ses défauts. Il prit conscience des aspects de sa personnalité qu'il avait auparavant ignorés, en particulier ceux qui ne correspondaient pas aux idéaux peu réalistes de son père. Sur ma recommandation, il adopta une chienne qu'il appela Ginger. Il en prit soin et apprit à se confier à elle. Elle répondait avec enthousiasme à son affection. Elle l'accompagnait au cours de ses séances quotidiennes de jogging; cet exercice à deux l'aida à se sentir mieux dans sa peau. La présence de Ginger sautillant à ses côtés l'aida également à communiquer avec les inconnus. Il se rendit compte qu'il n'avait plus besoin de ses quatre bières quotidiennes. Il se sentait désormais prêt à affronter ses problèmes.

Au fur et à mesure que Barry apprit à s'accepter, ses talents professionnels se mirent à émerger. Avant même d'avoir terminé sa thérapie, il avait déjà monté une petite maison d'édition avec un ami. La crise professionnelle qu'il venait de traverser avait été le catalyseur qui lui avait permis de réévaluer le sens de sa vie. Delilah et Ginger l'avaient ensuite aidé à trouver son équilibre intérieur.

Lisa, une de mes patientes âgée de quarante-trois ans, souffrait elle aussi des séquelles d'un changement de vie majeur. Divorcée à un jeune âge, elle avait élevé ses enfants seule. Juste après le divorce, elle avait repris ses études et était devenue secrétaire juridique. Quinze ans plus tard, lorsque sa fille cadette quitta le nid familial pour voler de ses propres ailes, Lisa s'attendait à être fière mais en même temps soulagée. Fière, elle l'était, mais elle était également angoissée à l'idée de se retrouver seule à l'âge de quarante-trois ans. Le vif sentiment de perte qui la tenaillait avait fait renaître en elle le sentiment d'abandon éprouvé lors du divorce de ses propres parents. Bientôt, elle fut en proie à l'insomnie et aux migraines. Maintenant que ses filles étaient parties, elle faisait face à des aspects de sa vie qu'elle avait ignorés. Ses migraines étaient le symptôme typique d'un trouble émotionnel.

Lors de sa première visite, Lisa s'enfonça dans le canapé mœlleux. J'attendis qu'elle débute. Elle se mit à parler des objets d'art mexicain et des aquarelles qui se trouvaient dans la pièce, évitant ainsi d'avoir à parler du sentiment douloureux que lui causait la perte de ses enfants.

« Je n'avais pas réalisé combien la maison serait vide sans Jenny. Quand je pense que je me plaignais de sa chaîne stéréo et de ses coups de fil nocturnes. Maintenant c'est le calme plat. Lorsque Jim et moi nous sommes séparés, au moins j'avais les filles. Maintenant, je me sens si seule. »

Au cours des mois qui suivirent, Lisa me parla du divorce de ses parents. Son premier sentiment d'abandon avait été causé par la perte de la sécurité familiale. Elle s'était alors mise à avoir des cauchemars et à souffrir d'insomnie.

Lisa avait besoin de compagnie et de sécurité. Je lui suggérai donc d'adopter un chaton et de prendre l'habitude de lui confier ses sentiments. La présence du chaton aida

Lisa à surmonter ses sentiments d'abandon et son ronron l'aida même à vaincre ses insomnies. Candide lui tenait compagnie tandis qu'elle travaillait à un collage de photos que je lui avais suggéré de faire dans le but de trouver de nouvelles activités qui l'intéresseraient. Ce projet s'avéra un succès. L'été suivant, quand ses filles lui rendirent visite, elles trouvèrent non seulement un nouveau chat, mais une mère beaucoup plus assurée qui s'apprêtait à commencer ses études de droit à l'automne.

Certains changements et certaines pertes sont plus difficiles que d'autres à surmonter, exigeant une période de deuil. Le poids de la solitude peut être particulièrement accablant dans le cas du décès d'un conjoint, surtout dans le cas où le couple n'a pas d'enfants. Souvent, le conjoint survivant sombre dans la dépression et dort de 12 à 14 heures par nuit, évitant ainsi d'affronter de longues journées. Parfois même, il trouve que sa vie a perdu tout son sens après le départ de l'être cher.

L'époux qui survit à l'autre doit retrouver ses propres aspirations – souvent des rêves abandonnés depuis plusieurs années – et les réaliser. Les animaux peuvent être d'un grand soutien au cours des longs et rudes mois ou années qu'il lui faut pour réapprendre à s'exprimer individuellement. La compagnie d'un animal affectueux et attentionné apaise le système nerveux. Si la personne adopte un chien et l'emmène dans une école de dressage, elle apprendra à se montrer ferme et énergique et à communiquer clairement. Ceci l'aidera à s'affirmer. Avec le temps, elle apprendra aussi à mettre ses rêves à profit plutôt que de prolonger son deuil indéfiniment.

Le contrecoup d'une perte ou d'un bouleversement qui survient dans une vie jusqu'alors familière et sécurisante peut sérieusement ébranler notre santé physique ou mentale. C'est en prenant conscience de ce stress et en l'affrontant que de nouvelles portes s'ouvrent à nous. Il n'est pas rare cependant qu'un sentiment de peur nous envahisse au cours de cette période de renouveau.

Comment s'adapter à une nouvelle étape

Nos animaux peuvent nous offrir leur soutien pendant les périodes de transition et d'incertitude. Faites de votre animal un allié. Voici quelques suggestions qui vous aideront à rester en bonne santé :

1. Veillez à ce qu'une partie de votre vie reste familière afin de contrebalancer les effets traumatisants du changement. Si vous avez perdu votre emploi ou votre partenaire, ou si vous affrontez d'autres difficultés, il vous faut une aide sur laquelle vous pouvez compter. Confiez-vous à votre animal de compagnie ; embrassez-le, parlez-lui. Il vous procurera le sentiment de constance et de sécurité dont vous avez tant besoin.

2. Votre attitude pendant cette période de changement peut influencer votre prédisposition à la maladie. Voyez ce passage comme une occasion de croissance. Profitez-en pour réexaminer votre vie et régler toutes vos affaires non résolues. Confiez à votre animal vos peurs que vous avez évité d'affronter. Voyez en lui un ami compréhensif et attentif.

3. Brossez le tableau de votre vie présente. Comme Lisa, faites un collage en compagnie de votre animal. Asseyez-vous à côté de lui et découpez dans des magazines, différentes photos qui reflètent votre personnalité et les choses qui vous intéressent. Collez-les sur une grande feuille cartonnée, spontanément. Laissez votre intuition vous guider. Lorsque vous avez terminé, asseyez-vous avec votre animal et contemplez votre œuvre. Y a-t-il des photos qui reflètent un intérêt particulier ? Ces images évoquent-elles un aspect de votre personnalité? Y a-t-il des activités intéressantes et des talents que vous avez omis de représenter? Qu'est-ce qui vous manque? Utilisez ce collage pour établir un plan d'action pour votre vie.

4. Nouez de nouvelles relations et développez de nouveaux centres d'intérêts. Utilisez votre animal pour rompre la glace.

5. Faites de l'exercice. Votre chien est le partenaire idéal pour cela.

6. Si vous avez un chien, emmenez-le dans une école de dressage. Les nouvelles attitudes et le contrôle que vous y apprendrez vous aideront à acquérir de l'assurance.

7. Promettez-vous de tenter une nouvelle expérience chaque semaine et notez-la sur votre calendrier. Si vous avez un jeune animal, vous avez devant vous un modèle d'évolution et de développement constants. Observez la transformation qui s'opère en lui au fur et à mesure qu'il grandit. L'enfant en vous peut apprendre tout comme le fait votre animal.

Ces quelques suggestions, auxquelles vous ajouterez vos propres idées, vous aideront à transformer les passages difficiles en occasions fructueuses.

COMMENT VOTRE ANIMAL PEUT VOUS AIDER À VIVRE PLUS LONGTEMPS

Quel que soit notre âge, nos animaux nous perçoivent comme jeunes et bien portants. Dans notre société où la jeunesse et la beauté sont devenues des critères de valeur, nos animaux sont exempts de préjugés. Ils procurent, particulièrement aux personnes âgées, un sentiment de sécurité sur les plans affectif et physique. Ils donnent également à ceux qui vivent seuls un sentiment d'utilité. C'est là un apport particulièrement important, car le besoin de veiller sur autrui ne s'estompe pas avec l'âge. L'activité physique et sociale en compagnie d'un animal est un excellent antidote contre le sentiment de vieillir.

Paradoxalement, les personnes âgées qui souffrent de solitude fuient les rapports sociaux et évitent de s'engager dans des activités constructives. Ceci était loin d'être le cas de Hetti, une Britannique qui avait émigré aux États-Unis. Elle avait soixante ans lorsqu'elle devint la directrice résidente du *Cat Care Center* de sa région, où elle avait à sa charge deux cents chats abandonnés. Pour la plupart des bénévoles du troisième âge qui y travaillaient, cette activité secondaire s'avérait très prenante ; mais pour Hetti, il s'agissait d'un travail à plein temps.

Son amour pour les animaux a germé à un jeune âge. À neuf ans, elle menaça de se jeter du toit si son père noyait un chaton dont personne ne voulait. Ce fut le premier chat qu'elle rescapa. Aujourd'hui, à l'âge de soixante-quinze ans, elle est toujours le défenseur des chats sans abri.

« Lorsque j'étais petite fille, je voulais devenir infirmière. Mais lorsque ma mère mourut, je dus interrompre mes études pour m'occuper de mes trois frères et de ma sœur. Mes chats furent mes amis fidèles au cours de cette période de ma jeunesse. J'adore mes chats. C'est vrai, je les chouchoute. Mais cet instinct maternel me vient naturellement. Je me lève tous les jours à quatre heures et demie du matin pour nettoyer, soigner et nourrir mes chats sans abri. Je les nourris deux fois par jour et je donne le biberon aux petits orphelins qui sont trop jeunes pour manger la nourriture solide. »

Le dernier défi qu'elle s'est lancé consiste à trouver un moyen de permettre aux chats de vivre avec leur maître dans les résidences pour personnes âgées de son coin. « Les personnes âgées ne devraient jamais avoir à abandonner leurs animaux. Après tout, ils font partie de la famille. » Malgré son emploi du temps chargé, Hetti est pleine d'énergie. Elle attribue cette vivacité à l'amour que ses chats lui prodiguent.

Hetti ne s'est jamais mariée et elle affirme qu'elle est aussi heureuse que la plupart des couples de son entourage. Son amour pour les animaux la comble. Sa lutte pour la protection et l'adoption des chats lui donne un but et fait d'elle un membre actif de la communauté.

Nos animaux peuvent aussi nous aider à vivre plus longtemps en nous incitant à faire de l'exercice. L'exercice est nécessaire à tout âge, mais plus on vieillit, plus on a tendance à l'éviter. Fort heureusement, nos chiens n'acceptent aucune excuse. La promenade du chien est bénéfique, non seulement sur le plan physique mais aussi sur le plan social. Elle nous permet de lier conversation plus facilement avec nos voisins et d'autres personnes que nous rencontrons en cours de route.

Tout propriétaire d'animal sait combien il est réconfortant de caresser celui-ci. Les personnes qui vivent seules semblent être encore plus sensibles à cette intimité physique et affective. Le besoin de contact physique s'accroît souvent avec l'âge. Le fait de caresser et de parler doucement à un animal affectueux peut aider une personne âgée à vaincre la solitude.

Vaincre la solitude

Avec l'âge, nous devenons de plus en plus sensibles aux changements qui surviennent dans notre vie. Ceux-ci peuvent avoir sur nous un effet stressant, voire même dépressif.

La fidélité d'un animal réduit l'anxiété et procure un sentiment de sécurité affective. Les animaux ne peuvent évidemment pas satisfaire le besoin de contact humain, mais ils assurent une présence constante, pleine d'entrain.

Aimée, une charmante veuve de soixante ans, a réussi à surmonter une période de chagrin et de solitude grâce à ses animaux. Il y a cinq ans, le déménagement de son unique enfant et la mort subite de son mari la plongèrent dans une solitude pénible. Une amie lui suggéra d'adopter un chat errant. Le chat atténua l'angoisse que lui causait sa solitude en lui offrant sa compagnie affectueuse et constante. Aimée s'occupe maintenant de chiens et de chats errants. Sa famille animale comprend trois chiens et trois chats, tous abandonnés.

« Mes chats m'ont tellement aidée ! Ils raniment mon instinct maternel », me dit-elle un jour. « Je ne peux pas refuser le gîte à un chat errant. Ils ont une influence si calmante quand ils se mettent à ronronner. Et j'adore leur imprévisibilité. » Aimée reconnaît également que l'adoption de ses chiens a grandement contribué à son appréciation de la vie et l'a aidée à surmonter la solitude.

Les récompenses du travail bénévole pour les sociétés protectrices des animaux

Les organisations qui défendent la cause des animaux constituent un champ d'action intéressant pour toute personne désirant s'engager socialement, et particulièrement pour les personnes âgées. Le travail bénévole dans ces centres, qui consiste à prendre soin d'animaux abandonnés et à les placer dans des foyers d'adoption est bénéfique non seulement pour les animaux, mais pour l'individu. C'est une occupation à la fois stimulante et gratifiante. Se sentir utile est un merveilleux antidote contre la solitude et l'apathie. De plus, le fait de partager son amour des animaux avec les autres bénévoles permet de nouer des liens d'amitié avec eux.

Mon amour pour les animaux m'a amenée à participer à de nombreuses organisations vouées aux animaux, où j'ai pu observer de mes propres yeux l'enthousiasme des personnes âgées. J'ai pu aussi y recueillir le récit des moments précieux qu'elles passent avec leurs propres animaux ou avec les animaux confiés à diverses organisations dont elles font partie.

Martha, une aimable dame dans la soixantaine, est l'une de ces personnes éprises des animaux. Son premier contact avec les animaux de compagnie remonte à son enfance. À l'âge de six ans, elle a été atteinte de poliomyélite. Un jour, son père ramena à la maison trois bulls-terriers. Elle se souvient encore combien leur présence à son chevet lui était précieuse. Plus tard, une de ses chiennes mit bas et les soins que Martha a apporté aux chiots l'aidèrent à recouvrer la santé. Chaque jour, après l'école, elle avait coutume de leur parler. C'était un rite quotidien. Elle se rappelle l'inquiétude qu'elle éprouva le jour où un des chiens a disparu, et son soulagement quand on le retrouva. Aujourd'hui, Martha veille sur les animaux en détresse. Elle est chargée des adoptions à l'*Animal Alliance* de Los Angeles, l'une des nombreuses organisations qui s'occupent de placer les animaux dans des foyers d'adoption et qui voient aux soins médicaux des animaux en détresse. Elle et son armée de bénévoles répondent volontiers aux questions relatives au secours d'animaux abandonnés et aux divers services offerts par l'organisation. Ils fournissent des conseils et apportent leur soutien en cas de besoin. Ils emmènent également les chiens les plus disciplinés dans des maisons de convalescence pour de courtes visites aux patients.

«Chaque animal qui se présente chez nous est un cas particulier», m'a confié Martha. «Prenez, par exemple, Flame, ce setter irlandais aveugle que nous venons de recueillir. Évidemment, nous devions faire un choix judicieux de son foyer d'adoption. En fin de compte, nous avons trouvé un pasteur et sa famille qui l'ont accueilli volontiers, et cela semble faire le bonheur de tout le monde. Mon expérience au fil des années a toujours confirmé qu'il existe un foyer idéal pour chaque animal, si bien sûr on fait preuve de patience. Et l'avantage de ce travail est que je n'ai guère de temps à consacrer à mes soucis personnels. »

Parmi les centaines d'adoptions réalisées par l'*Animal Alliance*, Martha indique que plusieurs bénéficient à des personnes âgées qui, ayant perdu leur partenaire, recherchent la compagnie d'un animal. Par exemple, une des assistantes de Martha n'est nulle autre que sa propre mère. Âgée de quatre-vingt-six ans, elle est une cuisinière hors pair. Je ne sais qui apprécie le plus ses petits plats : les animaux adoptés ou ses quatre petits-enfants ! « Ma mère et moi comptons vivre longtemps en compagnie de nos animaux. Mon grand-père a toujours eu des chiens et a vécu jusqu'à l'âge de cent quatre ans. Et il a travaillé toute sa vie. »

Laura, qui travaille elle aussi bénévolement au sein d'une organisation venant en aide aux animaux, prend plaisir à son travail. Âgée de soixante-sept ans, elle a eu son premier chat lorsqu'elle est entrée à la maternelle et a toujours eu des chats depuis. Actrice célèbre, elle prête souvent son nom pour la promotion d'événements au profit des chats de la région. Sa passion pour les chats l'a tout naturellement amenée à se joindre au conseil d'administration d'un club voué à la protection des chats et à collaborer à l'organisation de son exposition annuelle. L'amour qu'elle porte aux animaux et son énergie sont indéfectibles. Son talent pour recueillir des fonds a grandement contribué à soigner les chats du centre d'hébergement des animaux domestiques. Après le décès de son mari, les amis qu'elle a rencontrés au cours de ces activités lui ont apporté leur soutien moral et leur amitié. Ses articles publiés dans le magazine local *Paw* (qui s'adresse aux amis des chats) sont grandement appréciés des lecteurs. Chaque mois, elle demande à un étudiant en arts plastiques d'une école secondaire d'illustrer un des nouveaux chats sans famille. Le vif intérêt que Laura témoigne envers les chats lui a permis d'établir un solide lien avec les jeunes. De même, elle vient en aide aux personnes âgées en les encourageant à s'intéresser aux animaux et sert d'exemple à ceux qui pourraient bénéficier de la compagnie d'un animal.

L'art d'élever des chiens

Les éleveurs de chiens sont des gens très spéciaux. Ils sont actifs, attentifs et travailleurs. Ils se lèvent souvent aux petites heures du matin pour exécuter leurs tâches. Le week-end, ils lavent les chiens, s'occupent de leur toilette et leur font faire de l'exercice. Si un chien ou un propriétaire de chien se trouve dans le besoin, ils sont toujours prêts à leur venir en aide. Souvent, le dimanche soir, ils se réunissent entre eux et échangent leurs expériences d'expositions canines. Tous conviennent que le métier d'éleveur est rude, mais gratifiant.

Mary élève des rottweilers depuis vingt ans. Elle a été une des premières personnes à importer des rottweilers d'Allemagne, et a fondé un club pour la sauvegarde de la santé et de la qualité de la race. Elle suit ses chiens tout au long de leur vie, d'exposition en exposition. Tout récemment, elle a organisé une épreuve de jogging à l'intention des chiens et de leurs maîtres. Bien que les coureurs bipèdes aient eu du mal à suivre, tous ont néanmoins réussi à franchir la ligne d'arrivée ! Mary et son époux passent une bonne partie de leur temps à soigner leurs deux chiens et à participer aux expositions canines à travers le pays. Ils n'ont guère le temps de s'inquiéter de leur âge. Leurs chiens les aident à rester jeunes.

Comment dresser un chien
peut vous maintenir en bonne santé

Dorothy et Jim ont tous deux soixante-dix-sept ans et sont mariés depuis cinquante-trois ans. Il y a vingt ans, ils se sont initiés au dressage de chien, un peu par accident. Dorothy avait offert à Jim, pour leur anniversaire de mariage, un chien adopté à la Société Protectrice des Animaux, ainsi que des cours de dressage. Les exercices de dressage devinrent un de leurs passe-temps favoris. Leur lhasa apso réussit à répondre aux plus hautes exigences pour cette race aux États-Unis. À la suite de ce succès, Dorothy et Jim devinrent des membres actifs de leur club de dressage. Dorothy y donne maintenant un cours hebdomadaire où elle aide les propriétaires de chiens à résoudre les divers problèmes qui se présentent, et Jim dirige les séances de dressage en groupe. Dorothy et Jim recueillent aussi les chiens en détresse. Parmi ces chiens, il y eut un afghan appelé Jomar. Ils passèrent de longues et pénibles heures à le dresser, mais leurs efforts furent récompensés. À leur grand plaisir, Jomar réussit les épreuves menant au certificat de chien de compagnie. (Ce certificat est la première étape dans les épreuves de dressage, tel qu'il est stipulé et réglementé par l'*American Kennel Club*. Le chien acquiert des points au cours de chaque épreuve et n'obtient le titre de chien de compagnie que s'il réussit trois épreuves élémentaires distinctes. À chaque épreuve, le chien doit obtenir un minimum de 170 points sur 200. Des points lui sont accordés lorsqu'il obéit à l'appel, en laisse et en liberté, réussit à se tenir debout pour l'examen, à s'asseoir au garde-à-vous et à s'allonger au garde-à-vous. Les propriétaires des chiens qui réussissent ces épreuves sont généralement dotés d'une grande patience et de dévouement.)

Dorothy était assise à côté de moi durant une séance de dressage de notre club, tandis que j'attendais mon tour pour emmener Delilah dans le ring pour s'entraîner. Elle m'expliqua combien ses chiens la tenaient occupée – et heureuse. «Les chiens ne se plaignent jamais. Ils ne sont pas contrariés par les mêmes choses que les humains. Ils sont contents dès lors qu'ils ont leurs trois repas par jour et des soins attentifs. Je confie tous mes problèmes à Jomar, comme s'il était un membre de la famille. Nous prenons tous deux plaisir aux expositions, Jim et moi; nous sommes au grand air toute la journée et avons l'occasion de converser avec d'autres propriétaires d'animaux. Nous avons aussi des perroquets. Notre tout dernier s'appelle Polly; il est âgé de soixante-cinq ans et sait dire trente-cinq mots. Ses phrases préférées sont "Allons-y!" et "C'est comme ça!" La compagnie de notre ménagerie est très stimulante et nous fait sortir et profiter de la vie.»

Les pièges à éviter

La garde d'un animal n'est toutefois pas toujours rose. Le propriétaire d'un animal rencontre parfois de sérieux problèmes, particulièrement dans le cas d'un déménagement. Si les animaux ne sont pas admis dans le nouveau logement, il lui faudra décider ou d'abandonner son animal bien-aimé, ou de trouver une autre solution.

Angela, une de mes patientes, s'est retrouvée dans cette situation. Son mari était décédé et elle était en thérapie depuis un an, s'efforçant de surmonter sa peine. Non seulement son compagnon de longue date lui manquait-elle, mais elle se sentait repoussée par ses amis qui ne l'invitaient plus à participer à leurs activités. Angela dut réapprendre à fréquenter des gens. Elle décida d'aller habiter dans un grand immeuble où le loyer serait plus raisonnable et où elle serait forcée de se faire de nouveaux amis.

Angela fut étonnée d'apprendre qu'elle n'était pas bienvenue avec son chat Winston dans la plupart des immeubles qui l'intéressaient. Sa première réaction fut de se replier sur elle-même et de s'apitoyer sur son sort. Mais cela ne dura pas longtemps. Elle décida de lutter contre la discrimination pratiquée par les sociétés de location immobilière à l'égard des animaux. Avant même d'avoir trouvé un appartement adéquat pour elle et son chat, elle avait formé une association locale pour tenter de mettre fin à ce problème. Avec des amis, elle travailla à la publication d'un bulletin qui prodiguait des conseils à leurs lecteurs sur les meilleures façons de faciliter les rapports entre propriétaires immobiliers et propriétaires d'animaux. Son association contacta les représentants gouvernementaux et causa quelques remous dans le milieu politique local. Angela avait trouvé une cause louable à défendre et se sentait à nouveau utile.

L'expérience d'Angela n'est malheureusement pas exceptionnelle. Il existe de nombreux cas de discrimination envers les propriétaires d'animaux. Si vous vous trouvez un jour confronté à pareille situation, les suggestions suivantes pourront vous être utiles :

1. Si vous voyez un appartement qui vous intéresse, mais où les animaux ne sont pas admis, ne perdez pas espoir. Allez rencontrer le propriétaire et décrivez-lui votre animal. Fournissez-lui une lettre de référence de votre ancien propriétaire ou de vos voisins, indiquant combien de temps vous avez résidé à votre ancien domicile et comment tout s'est très bien passé. Si vous avez un chien, attirez l'attention du propriétaire sur le fait qu'un chien peut être particulièrement utile pour monter la garde en cas de cambriolage ou d'incendie. Assurez-le que vous tiendrez votre chien en laisse et garderez l'endroit propre. Montrez-lui que votre animal est en bonne santé en lui fournissant son dossier médical.

2. Envisagez la possibilité de présenter votre animal au propriétaire. Le simple fait de rencontrer un animal affectueux et bien dressé peut faire pencher la balance en votre faveur.

3. Le propriétaire réclamera peut-être une caution supplémentaire pour votre animal. Si le montant est raisonnable, acceptez-la et stipulez, par écrit, que vous prendrez la responsabilité financière pour tous dégâts matériels causés par votre animal.

Si aucune de ces suggestions ne fonctionne, il existe des organisations qui offrent une assistance aux propriétaires d'animaux à la recherche d'un logement. Elles offrent également des conseils juridiques gratuits. Si vous êtes à la fois propriétaire d'animal et locataire, vous voudrez peut-être adhérer à une de ces organisations afin de prendre une part active à la lutte contre ce genre de discrimination. Il existe des études et des lois pour vous appuyer dans votre cause.

Une étude menée par le docteur Lynette Hart, de l'École vétérinaire de l'Université de Californie à Davis, montre qu'il est rare que les animaux causent du bruit, des dégâts matériels ou des blessures. Cette conclusion est basée sur les résultats d'une enquête téléphonique effectuée auprès de gérants d'immeubles, dans 113 villes, et auprès des services de logement de la Californie (où les animaux sont admis depuis 1982, grâce à un programme subventionné par l'État). Cette enquête avait pour but d'étudier les inconvénients entraînés par la présence d'animaux dans les résidences pour personnes âgées. Les chercheurs se rendirent également sur place et interviewèrent les directeurs et les résidents. Ils constatèrent que les directions qui avaient adopté et imposé des règles bien définies concernant les animaux et celles qui recouraient aux diverses ressources communautaires favorables à la garde d'animaux, n'avaient guère de plaintes à formuler à leur sujet. D'après l'étude du docteur Hart, les directeurs de ces résidences considèrent leurs locataires comme des personnes responsables qui tirent grand profit de la compagnie de leur animal. Non seulement manifestent-ils une meilleure attitude mentale et un plus grand sentiment de sécurité, mais ils font aussi de l'exercice de façon plus régulière. Le docteur Hart soutient que ces résultats sont particulièrement importants puisque la Californie fut le premier État à permettre la présence d'animaux dans les résidences pour personnes âgées [12].

Ne vous découragez donc pas dans votre recherche d'un logement pour vous et votre animal. Que vous soyez jeune ou vieux, la compagnie d'un animal vous aidera à réduire le stress de la vie urbaine et à vivre plus longtemps.

Comment les animaux peuvent aider à résoudre le conflit des générations

Les animaux encouragent les rapports humains. Ils peuvent même contribuer à résoudre le conflit des générations. Il n'est pas toujours facile pour les différentes générations d'une famille de trouver des intérêts communs. Le simple fait d'aller rendre visite à l'animal de ses grands-parents ou de regarder son petit-enfant s'amuser avec son animal peut ajouter une nouvelle dimension aux rapports entre les jeunes et les vieux. En général, les enfants se mettent vite à jouer en présence d'un animal. Cet entrain aide tout le monde à se détendre et éveille chez la personne âgée le souvenir de ses propres jeux d'enfant. Ces activités saines et amusantes peuvent donc s'avérer contagieuses.

Pour deux de mes patients, cette présence animale s'est révélée d'une valeur inestimable dans le développement d'une relation harmonieuse entre générations. Phillip et Marla vinrent me consulter pour des problèmes conjugaux, à la suite d'une liaison que Marla avait eue. Phillip, âgé de cinquante ans, venait d'être promu vice-président d'une compagnie de services en informatique, mais tous les efforts qu'il avait consacrés à cette fin avaient eu un effet néfaste sur leur relation. Marla se sentait seule et anxieuse à l'approche de la cinquantaine. Un jour, elle revit un ami qu'elle avait fréquenté à l'université et pensa qu'il serait possible de revenir en arrière et de ressusciter le passé. Lorsque Phillip découvrit le pot aux roses, il fut à la fois blessé et furieux. Marla et lui s'efforcèrent de rebâtir une relation qu'ils avaient négligée au fil des années. Il leur fallut sept mois pour réussir à redevenir ouverts et confiants l'un envers l'autre.

Or, peu de temps après, ils se trouvèrent confrontés à un nouveau problème. À la mort du père de Phillip, ils durent décider si, oui ou non, ils allaient inviter sa mère à venir habiter chez eux. Phillip ne s'était jamais senti proche de sa mère. L'habitude bien ancrée dans la famille de ne jamais exprimer ses besoins n'aidait pas les choses. Phillip, qui venait d'apprendre à dire honnêtement à son épouse ce qu'il ressentait et à communiquer, se montra plus ouvert avec sa mère. Phillip et Marla se sentaient tous deux responsables de cette femme de soixante-douze ans, mais ils n'avaient franchement pas envie qu'elle habite chez eux, pas plus qu'elle d'ailleurs. Elle voulait refaire sa vie avec ses propres amis et ses propres activités.

Phillip offrit donc à sa mère une aide financière ainsi qu'un chat appelé Johnson, âgé de deux ans. Non seulement Johnson l'aida à combler le vide qui s'était créé dans sa vie, mais l'incita à participer aux activités de diverses associations pour propriétaires d'animaux et à se faire de nouveaux amis. Lorsque ses arrière-petits-enfants lui rendaient visite au moment des fêtes, Johnson était le point de mire. Sa présence avait consolidé les liens entre les membres de la famille, tout en aidant sa maîtresse à se sentir de nouveau utile grâce à sa participation aux projets communautaires pour animaux.

Quand et comment introduire un animal dans la vie d'une personne âgée

Plusieurs de mes patients me demandent conseil au sujet de l'adoption d'un animal pour leurs parents. Tout d'abord, ce ne sont pas toutes les personnes âgées qui désirent un animal. Si, toutefois, l'intérêt y est, voici quelques directives qui vous aideront à trouver le partenaire idéal:

1. La compagnie d'un animal peut avoir une valeur thérapeutique pour la personne âgée. Demandez-lui quel genre d'animal elle aimerait adopter. Souvent, son choix sera influencé par le souvenir d'un animal qu'elle a eu par le passé.

2. Tenez compte de ses conditions: sa maison, sa santé. Certaines personnes sont allergiques aux chats et aux chiens. Si tel est le cas, un oiseau serait peut-être plus approprié.

3. Prenez l'âge et la santé de l'animal en considération. Jeune, il réclamera sans doute, au départ, beaucoup plus d'énergie que la personne n'est prête à investir. Vieux, il risque d'avoir des problèmes de santé et de mourir subitement.

4. Si la personne est très âgée, il vous faudra peut-être voir vous-même au toilettage de l'animal et à ses visites chez le vétérinaire.

5. Renseignez-vous sur les programmes de dressage d'animaux destinés aux personnes du troisième âge. Ces programmes peuvent aider votre parent à rester actif et à s'assurer la discipline de son animal.

6. Chaque situation est unique. N'omettez pas d'énumérer à votre parent les avantages et les inconvénients de la garde d'un animal. Il se peut qu'il lui convienne davantage de travailler comme bénévole à un centre d'hébergement pour animaux ou de rendre visite au chien ou au chat de la famille.

RÉSUMÉ

Les animaux nous aident à mener une vie plus saine. Il a été démontré que le fait de caresser et de parler aux animaux contribue à réduire la tension artérielle et à accroître l'espérance de vie chez les personnes atteintes de maladies cardiaques. Nos animaux ne manquent jamais de nous rappeler de nous détendre et de partager leur amour de la nature. Promener ou dresser son chien est une bonne façon de faire de l'exercice. Les animaux nous offrent appui et réconfort pendant les périodes difficiles. Leur présence nous procure un sentiment de sécurité physique et affective en période de stress et nous libère des soucis et de la dépression qui viennent souvent avec l'âge. Leur esprit enjoué peut même réduire le conflit des générations et unir la famille. Les animaux nous incitent à participer à des projets communautaires. Ils raniment notre esprit de jeunesse et nous rappellent que nous avons toujours un rôle à jouer.

Nous pouvons compter sur le soutien et l'amour de nos animaux pendant les périodes de transition. Dans le chapitre suivant, nous étudierons leur rôle dans la formation de notre individualité et de notre identité.

2

L'ANIMAL
ET LE DÉVELOPPEMENT
DE L'INDIVIDUALITÉ

Il est très important pour le jeune d'aujourd'hui de faire des choix judicieux concernant son travail, ses relations amoureuses et ses loisirs. Mais pour cela, il doit avoir une bonne connaissance de lui-même et le sentiment de sa valeur personnelle. Il doit aussi avoir confiance en lui-même pour pouvoir faire des choix judicieux, ce qui demande de se détacher des valeurs et des attentes parentales, et d'apprendre à affirmer ses propres désirs et besoins en tant qu'individu. L'acquisition de l'individualité est donc l'épreuve psychologique cruciale durant cette période de transition où le jeune adulte affronte les plaisirs et les exigences de son rôle dans la société.

Certains recourent à la psychothérapie au cours de cette transition pour apprendre à faire face à la critique de leurs parents et à leurs exigences peu réalistes qui peuvent les empêcher de réaliser leurs potentialités à l'âge adulte. Il existe toutefois une autre approche, d'un accès plus facile, qui aidera le jeune adulte à mieux se comprendre et à renforcer le sentiment de sa propre valeur : la compagnie d'un animal thérapeute. Au cours de cette période où le jeune se détourne du passé pour développer une individualité bien à lui, les animaux peuvent jouer le rôle de conseillers affectueux et réceptifs. Ils nous offrent leur amour inconditionnel et leur acceptation au moment où nous nous détachons du cadre familier, sécurisant – mais souvent limitatif – de la famille. Ils nous accompagnent fidèlement à travers nos tâtonnements pour trouver notre voie.

Le développement de l'individualité peut être fascinant et profondément satisfaisant. Mais l'expérience peut aussi causer des sentiments d'isolement et de découragement. Dans les moments de désespoir, les sentiments d'impuissance liés à l'enfance refont souvent surface. Heureusement, les attitudes développées dans le passé peuvent être remodelées. Nous pouvons mettre le cap sur des sentiments positifs et adopter un comportement actif. Les exercices qui stimulent l'affirmation de soi-même et visent à transformer la passivité et l'échec en succès, peuvent s'avérer utiles. Ils nous apprennent à nous faire confiance dans nos prises de décisions et la définition de nos objectifs ; à définir nos valeurs et nos besoins indépendamment de ceux de nos parents ; à explorer nos potentialités créatrices et à découvrir de nouveaux talents et une nouvelle joie de vivre. La recherche de l'individualité est un cheminement continu, un processus dynamique, qui se déploie tout au long de la vie. Dans ce chapitre, j'illustre mon propos de cas où mes patients ont courageusement affronté un tel passage dans leur vie. Je suggère aussi des exercices à faire chez vous, qui vous guideront sur le chemin de votre individualité.

L'ACQUISITION D'UN SENS D'IDENTITÉ

Le processus d'acquisition de notre propre identité est le pivot de la plupart des approches psychologiques contemporaines. Jean Piaget, par exemple, décrit la transition entre l'enfance et la vie adulte, entre un milieu de sécurité physique et affective et un monde plein d'imprévus, de déséquilibre et parfois même d'anxiété[13]. La maturité comporte des privilèges, mais aussi des inconvénients. À nous de percevoir ce déséquilibre temporaire comme pénible et problématique, ou comme une occasion de reprendre possession de précieuses dimensions de nos expériences passées qui nous aideront à nous forger une personnalité unique.

Erik Erikson, qui s'est lui aussi illustré par son étude du développement humain, considère l'évolution psychologique comme une quête de l'identité sans cesse renouvelée, qui tente de répondre à l'éternelle question « Qui suis-je ? ». À chaque étape de la vie, nous résolvons une facette de l'énigme de l'identité. Durant l'enfance, nous apprenons à avoir confiance en nous-mêmes et en notre environnement, à développer un sens de l'autonomie et de l'initiative, et à cultiver notre confiance en notre capacité d'apprendre et de connaître. Au cours de l'adolescence, nous acquérons notre identité sexuelle et passons à la vie adulte où nous sommes confrontés au besoin d'établir des relations intimes et de nous insérer dans la société. Si nous omettons de réaliser tel ou tel aspect d'une phase de développement – ce qui se produit à des degrés divers – nous nous retrouvons confrontés à ce problème plus tard au cours de la vie[14].

Abraham Maslow, un des fondateurs de la psychologie humaniste, décrit le développement de la personne comme un processus dynamique qui se déploie tout au long de la vie. Il soutient qu'il existe en chacun de nous un potentiel d'actualisation de soi qui ne peut se développer que par la connaissance de soi et l'acceptation bienveillante d'autrui[15].

Carl Rogers qui, comme Maslow, a exploré la personnalité humaine, décrit notre besoin d'un environnement sécurisant et indulgent pour évoluer. Il nous présente les cas de patients qu'une autocritique négative empêche de prendre des décisions dans leur meilleur intérêt. En apprenant à s'accepter, ces personnes apprennent en même temps à reconnaître la valeur de leurs propres décisions. Ce n'est que lorsque nous nous acceptons tels que nous sommes que nous avons les bases nécessaires pour évoluer[16].

Frederick Perls, le père de la gestalt-thérapie, soutient que chacun de nous a la capacité de satisfaire ses besoins en se mettant à l'écoute de ses propres expériences. Il fait appel à la spontanéité, à la conscience sensorielle, à l'ouverture émotionnelle, à l'aptitude au plaisir, à l'autonomie et à la créativité de l'homme. Il démontre que lorsque nous sommes en contact direct avec nos expériences (dans « l'ici et maintenant »), nous pouvons discerner la voie qui nous convient le mieux. Quand on se met à l'écoute de soi-même, on apprend à développer son pouvoir de décision et à prendre la responsabilité de sa vie. Autrement dit, on peut devenir son propre maître et guide et mener une vie qui nous comble[17].

Tous ces pionniers du développement de la personne, et bien d'autres encore, nous rappellent que le bien-être psychologique est fondé sur la connaissance de soi et le sentiment de sa valeur personnelle qui découle des expériences et des choix que nous opérons. Ils s'entendent pour dire que ce processus est parfois difficile, mais qu'en faisant confiance à notre propre expérience, nous pouvons réaliser notre potentiel d'autonomie et de confiance en nous-mêmes.

Dans les pages qui suivent, je mets en lumière le développement de la connaissance de soi en décrivant comment certains de mes patients ont approfondi le lien entre leurs problèmes actuels et les difficultés non résolues du passé. Ces patients se sont montrés ouverts à la participation d'un animal à leur thérapie. Ils ont trouvé que la présence d'un animal les aidait dans leurs efforts pour atteindre l'autonomie.

En utilisant l'animal comme catalyseur, ils ont développé leur aptitude innée à résoudre les problèmes et, par là même, leur force intérieure. En travaillant à la maison avec leur propre animal, ils ont pu mettre leur thérapie en pratique. Ils ont ainsi acquis un sentiment d'autonomie et d'acceptation et ont pu se permettre d'être vulnérables, réceptifs et créatifs. Ils ont découvert que leur animal pouvait les aider à faire émerger leur potentiel de santé et de créativité. Nous verrons comment vous pouvez vivre une expérience analogue avec votre animal de compagnie.

COMMENT RENFORCER LE SENTIMENT DE SA VALEUR PERSONNELLE

Le sentiment de sa valeur personnelle – ou la perception de soi en tant qu'être intelligent, compétent, séduisant, et digne d'amour – s'acquiert au cours de l'enfance en fonction de la perception et du jugement de ses parents, de ses frères et sœurs, de ses maîtres et de ses pairs. Si ceux-ci ont respecté nos opinions et nos sentiments, s'ils nous ont encouragés à explorer et à apprendre en toute liberté au risque de faire des erreurs en cours de route, il nous est alors plus facile en tant qu'adulte d'avoir confiance en nos propres décisions. Si, par contre, nos proches se sont montrés trop critiques et exigeants, et nous ont appris qu'il n'est pas bon d'exprimer un sentiment qui va à l'encontre de la norme, ou d'agir en conséquence, il y a de fortes chances que nous soyons des êtres ambivalents et que nous manquions de confiance en notre capacité de faire des choix.

Rares sont ceux d'entre nous qui avons eu la chance d'avoir des parents qui ont su nous aimer inconditionnellement et reconnaître notre valeur et notre individualité, particulièrement quand ils croyaient que nous étions dans l'erreur. Par conséquent, la plupart d'entre nous manquons de confiance en nos perceptions et nos sentiments une fois parvenus à l'âge adulte. Notre aptitude à prendre des décisions judicieuses basées sur notre expérience est entravée par ces conflits de jeunesse non résolus. Tant que nous n'avons pas réussi à distinguer nos aspirations des attentes parentales, nous aurons tendance à nous sentir confus, frustrés, révoltés ou déprimés au cours des passages importants de la vie.

Comment se défaire des valeurs parentales

Un des aspects cruciaux du passage à la vie adulte est de déterminer quelles sont les valeurs parentales qui n'ont plus leur place dans notre vie. Si nous examinons nos attitudes et notre comportement, nous nous apercevons qu'ils sont souvent basés – à notre insu – sur des scénarios périmés. L'individu qui désire évoluer doit donc renoncer à ces scénarios et renforcer sa foi en son pouvoir de décision.

Si nos parents ont nourri des espoirs irréalistes à notre égard et se sont montrés très critiques et exigeants, plutôt qu'encourageants, nous avons tendance, une fois adultes, à devenir aussi sévères envers nous-mêmes. Au cours de ces années de désapprobation et de reproches, le juge intérieur s'est installé, nous incitant constamment à la « perfection ». Comme celle-ci n'est jamais atteinte, nous développons une soif émotionnelle inextinguible et une insatisfaction dans notre travail et dans nos rapports humains. Nous passons notre temps à chercher l'approbation d'autrui pour confirmer notre valeur personnelle, et ne faisons ainsi qu'accroître nos sentiments de dépendance et d'insatisfaction. Nous nous efforçons de devenir celui ou celle qui correspondra aux attentes que nous attribuons aux autres, plutôt que de nous laisser instinctivement être la personne que nous sommes véritablement.

Si cette attitude persiste, il y a des risques que nous en venions à manquer de respect envers nous-mêmes et à éprouver les sentiments d'anxiété et de désespoir qui l'accompagnent. Cette impuissance nous amène à douter de notre aptitude à régler efficacement les problèmes quotidiens. Il s'impose alors de travailler à rebâtir le sentiment de notre valeur personnelle. Chez certains, la présence d'un animal aidera à briser ce sentiment d'impuissance. Nous pouvons compter sur le soutien de nos animaux dans notre démarche qui nous permettra de comprendre la nature de nos problèmes, de guérir les blessures émotives et de nous libérer des schémas d'autodestruction.

Comment retrouver le sentiment de sa valeur personnelle

La personne qui ne se sent bonne à rien doit reconquérir le sentiment de sa valeur. En dépit de ce que certains pourraient penser, celui-ci peut resurgir, même si sa disparition a été provoquée par l'attitude parentale.

L'exemple de Doreen illustre bien le caractère acquis du manque de confiance en sa valeur personnelle et les mesures à prendre pour retrouver l'acceptation de soi. Doreen tenait son ex-mari pour responsable de sa dépression et de son insatisfaction. Elle l'avait épousé à l'âge de vingt-et-un ans pour échapper aux critiques et aux exigences de sa mère, pensant que le mariage confirmerait le sentiment de sa valeur personnelle. Mais le doute de soi s'était déjà enraciné profondément en elle. Au cours de son adolescence, elle s'était rebellée contre sa mère en abusant de l'alcool et de la sexualité. Le jour où elle avait quitté la maison, sa mère lui avait dit qu'elle ne trouverait jamais un homme qui l'aimerait et la respecterait.

Doreen épousa le premier homme qui lui demanda sa main, et l'accabla d'exigences excessives et de critiques tout au long de leurs douze années de mariage. Lorsqu'il devint impuissant, elle insista pour qu'il consulte un thérapeute. L'année suivante, il la quitta pour une autre femme. Doreen fut terrassée par ce rejet et se remémora les prédictions de sa mère selon lesquelles elle ne serait jamais aimée. Lorsqu'elle vint me consulter, elle se débattait péniblement contre les expériences douloureuses de son passé.

Lorsque je suggérai à Doreen de se confier à son chat, Mathilda, et lui expliquai les avantages qu'elle pourrait en tirer, elle se montra sceptique. Elle savait que Mathilda l'aimait, mais ne saisissait pas le lien entre le manque d'amour qu'elle ressentait et les sentiments que son chat lui portait. Un jour, j'amenai mon chat Casey au cabinet pour que Doreen fasse l'expérience d'un animal thérapeute. Elle prit Casey sur ses genoux et se mit à le caresser doucement. Je lui suggérai de lui dire des gentillesses. Le chat se mit à ronronner et Doreen ressentit aussitôt son affection et se rendit compte qu'il avait compris ses paroles bienveillantes. Le chat n'était pas seul à éprouver cet amour et cette compréhension. La petite fille en elle les avait aussi ressentis, celle qui avait tant souhaité – mais en vain – entendre ces paroles dans la bouche de sa mère. Le message avait été reçu et Doreen était maintenant sur la bonne voie pour acquérir un sens positif de sa valeur.

Toute image de soi négative est acquise et réversible. Cette expérience que Doreen a vécue dans mon cabinet et poursuivie chez elle en compagnie de son chat, a changé sa perception d'elle-même. Plutôt que de prêter l'oreille aux messages négatifs et inadéquats du passé, elle a appris à accepter les messages positifs venant d'elle-même et, par la suite, des autres.

Il faut du temps pour reconquérir le sentiment de sa valeur personnelle. Tout d'abord, nous devons prendre conscience des vieux messages que nous avons assimilés. Puis, nous devons préparer le terrain pour permettre à nos propres perceptions de germer. Notre animal nous offre une partie du soutien émotionnel nécessaire, car il nous accepte sans réserve et nous incite à nous affirmer en nous rappelant que nous sommes uniques et dignes d'être aimés, et que nous méritons de jouir pleinement de l'aspect positif et sain de notre personnalité.

Certaines personnes refusent de reconnaître qu'elles ont un piètre sentiment de leur valeur. Un de mes patients, nommé Rick, en était le parfait exemple. Rick était un économiste hors pair. Encore jeune, il avait déjà acquis une solide réputation pour ses jugements précis et intuitifs en matière de finances et de fusions d'entreprises. Après avoir obtenu son diplôme du *Harvard Business School*, il s'était aussitôt mis à exécuter le plan qu'il avait dressé pour sa vie, à savoir, monter sa propre entreprise, épouser une femme belle et intelligente et vivre dans une belle maison. Peu après son trente-cinquième anniversaire, il commença à souffrir d'ennuis gastriques persistants. Son médecin conclut que son problème était d'ordre psychosomatique et lui conseilla de se pencher sur ses besoins affectifs. C'est alors que Rick vint me consulter ; bien qu'il fût sceptique et à court de temps, il était disposé à faire le nécessaire pour rétablir sa santé.

« J'ai passé ma vie à étudier les lois du commerce et de l'économie, et j'ai toujours essayé de résoudre les problèmes d'une manière pratique. Je ne sais pas comment j'ai atterri chez un psy. J'espère qu'on pourra résoudre ce problème d'ici la fin du mois. Je dois m'absenter pour compléter une fusion ; ce projet va demander une grande partie de mon énergie. » Rick jeta un coup d'œil furtif sur Lorelei, qui l'avait accueilli chaleureusement à son arrivée.

Au fur et à mesure que Rick parlait, je me rendis compte qu'il n'avait pas prêté attention à ses sentiments depuis de longues années et qu'il ne s'était jamais demandé pourquoi il était si obsédé par la réussite. En racontant ses souvenirs d'enfance, Rick prit conscience des exigences de ses parents qui voulaient que leur fils aîné soit cultivé et hors du commun. Son père avait à plusieurs reprises fait fortune, puis tout perdu. Ses parents n'encourageaient que les aspects de sa personnalité qui correspondaient à leur propre idéal, à savoir ceux qui l'avaient poussé à devenir un financier perfectionniste, acharné et prospère. Et ils exigeaient que son comportement les reflète. Ce développement unilatéral laissa Rick sans les fondations nécessaires pour bâtir le sens de sa valeur personnelle.

« Mon enfance m'apparaît comme une vie antérieure. Je ne sais pas ce qui se passerait si je cessais d'écouter les rapports financiers et commençais à écouter ma voix intérieure. J'ai toujours su répondre aux exigences d'autrui et même à les dépasser. Je suppose qu'il y a eu des moments, autrefois, où je ne suivais pas la trajectoire prévue. Mais je n'en ai plus aucun souvenir. »

Rick se tut pour la première fois. Lorelei profita de cette pause pour lever la tête vers Rick, à l'affût d'une caresse. Rick aimait les chiens et prenait plaisir à la compagnie de Lorelei. Je lui suggérai donc de tenter une petite expérience de psychodrame et de prétendre que la chienne pouvait le comprendre. Il fallut le prier un peu, mais il finit par mettre de côté son caractère analytique et efficace et se pencha pour lui parler. « Tu sais, Lorelei, j'avais un chien aussi gros que toi quand j'avais huit ans. On allait camper tous les deux. C'était un bon allié quand je voulais m'échapper de la maison et me retrouver seul. »

En parlant à Lorelei, Rick put revivre certains souvenirs d'enfance, avant qu'il ne devienne le fils parfait et l'élève parfait. Pour la première fois, il laissa tomber sa carapace et se permit de revivre les sentiments qu'il avait éprouvés par rapport aux grands espoirs que ses parents nourrissaient à son égard. Enfant, il craignait de ne jamais pouvoir être à la hauteur de ce que, croyait-il, ses parents attendaient de lui. Il avait passé les vingt dernières années de sa vie à s'efforcer de surpasser les critères de perfection de son « cadre » intérieur. Son corps finit par se rebeller et il fut contraint de prendre un répit pour remettre en question son style de vie.

Ses séances hebdomadaires avec Lorelei étaient pour Rick à la fois chaleureuses et émouvantes. Lorelei n'exigeait rien de lui ; il se sentait aimé non pas pour sa performance, mais pour lui-même. Il décida d'adopter son propre chien, un labrador retriever, qu'il nomma Socrate. Rick me confia plus tard que Socrate l'aidait à revivre les sentiments de liberté et de joie de sa tendre enfance. À l'aide de la thérapie et d'exercices en compagnie de son chien, Rick réussit à faire la paix avec son exigeant superviseur intérieur. Il se rendit compte qu'il n'avait pas besoin d'être parfait pour réaliser son plan de vie. Son corps tout entier, y compris son estomac, se détendit au fur et à mesure qu'il apprenait à prendre plaisir à exercer un travail pour lequel il avait tant d'aptitudes. Lorelei et Socrate l'encouragèrent tous deux à accepter ses imperfections et à se détacher des exigences parentales. En s'acceptant tel qu'il était, Rick acquit un véritable sens de sa valeur personnelle.

En cherchant à satisfaire les attentes de nos parents ou de nos professeurs sans tenir compte de nos propres aspirations, nous risquons de créer dans notre circuit émotionnel un « parent » d'une exigence excessive. Il est particulièrement difficile de déceler ce problème si nous avons répondu aux attentes de nos proches et avons reçu leur approbation en récompense. C'est généralement lorsque nous rencontrons un problème majeur, un problème de santé notamment, que nous prêtons attention à nos propres valeurs dissimulées dans l'intimité de notre conscience. Les animaux nous assurent leur présence aimante pendant cette réévaluation de nos besoins. Ils nous aident à retrouver nos valeurs premières et à conquérir le sentiment de notre valeur personnelle.

Le sentiment que nous avons de notre valeur et la confiance que nous nous portons sont le résultat d'une

longue évolution, de l'enfance à la vie adulte. Nous acquérons l'estime de nous-mêmes en affrontant les problèmes et
les frustrations la vie, au moment où nous apprenons à
mener notre propre barque. Pour cela, nous devons dissocier
nos besoins de ceux de nos parents. Parfois, il nous faut
revenir en arrière et nous remettre en contact avec notre
enfant intérieur. Nos perceptions et notre expérience
d'adultes nous aident à faire ce voyage, de même que, pour
certains, le soutien et l'acceptation de notre animal thérapeute.

Le but du prochain exercice est de mettre en valeur les
différentes façons dont nos animaux nous manifestent leur
affection et nous rappellent que nous sommes dignes d'être
aimés. Il vise aussi à nous montrer comment les animaux
peuvent servir de pont nous reliant aux expériences positives de notre enfance, et nous apprendre à renforcer le sentiment que nous avons de notre valeur.

Exercice n° 2 : Comment retrouver le sentiment de sa valeur personnelle

*Cet exercice a pour but de renforcer le sentiment de votre valeur
personnelle. Il vous aidera à faire taire la voix du doute de soi qui
nous harcèle tous par moments. Il vous aidera également à retrouver votre enfant intérieur et le chemin de l'acceptation de soi qui est
accessible à chacun de nous.*

*Faites cet exercice en compagnie de votre animal, aussi souvent
que vous le désirez.*

*1.   Cherchez un coin tranquille où vous pourrez être en compagnie
de votre animal. Vous trouverez sans doute qu'il est profitable de
faire ce travail en plein air.*

*2.   Caressez votre animal. Faites-lui sentir à quel point vous
l'aimez et tenez à lui.*

3. *Regardez-le dans le fond des yeux et dites-lui combien vous l'appréciez. Louez-le pour son allure, sa personnalité et son intelligence.*

4. *Laissez-vous ressentir ce message doux et chaleureux. Fermez les yeux et, tout en continuant de caresser votre animal, répétez ces mots doux et continuez à exprimer votre amour spontanément. Voyez comme votre animal vous écoute et apprécie votre voix et votre contact. (Ce message positif et affectueux s'adresse non seulement à votre animal, mais aussi à votre enfant intérieur d'où émanent la plupart de vos besoins.)*

5. *Poursuivez cet exercice en vous remémorant un moment de joie, de chaleur et d'insouciance que vous avez vécu au cours de votre enfance, un événement particulier où vous vous êtes senti bien dans votre peau. Peut-être était-ce en jouant avec un ami ou un animal, à l'école ou à la maison. Peut-être était-ce lors d'un moment magique où vous vous sentiez en accord avec la vie.*

6. *Confiez cette expérience à votre animal, à voix haute.*

Vous venez d'établir un lien entre le sentiment de chaleur et d'acceptation éprouvé actuellement et la joie de vivre de votre enfant intérieur. Cet exercice est efficace parce qu'il vous permet d'exprimer un besoin psychologique fondamental, celui du toucher.

Par ses caresses et ses étreintes, la mère communique à son enfant ses tout premiers messages d'amour. Ces gestes simples sont de puissants témoignages d'acceptation inconditionnelle et d'attention. En caressant votre animal et en lui parlant, vous choyez l'enfant en vous. En vous remémorant une expérience heureuse d'autrefois, vous associez l'estime de vous-même éprouvée alors à votre présente expérience de zoothérapie. Au cours de cet exercice, vous ressentirez probablement une douce vague d'amour.

Ce travail avec votre animal thérapeute vous permet de com-muniquer, de percevoir votre vie de façon différente, d'explorer de nouveaux aspects de vous-même. Il vous aide à être réceptif, vulné-rable, et à vous sentir aimé. Dans les moments de conflit et de besoin, les animaux n'émettent aucun conseil, aucune récrimination ni aucun jugement. Ils se contentent de nous soutenir et nous aident à affronter la peur, la frustration et le stress qui accompagnent souvent les problèmes à résoudre et les choix de vie. Ceux-ci nous replongent souvent dans le doute et le manque de confiance en soi. Pourquoi faire face à ces situations seuls? Notre animal théra-peute est toujours là, prêt à nous venir en aide.

L'ART DE PRENDRE DES DÉCISIONS

Quel métier choisir? Qui aimer? Comment occuper mon temps? Comment gérer mon budget? Ce sont là des questions qui se posent dès l'enfance et tout au long de la vie. Dans la section précédente, nous avons vu que pour établir une base solide pour prendre de bonnes décisions dans la vie, nous devons nous libérer de l'influence paren-tale. Si nos décisions antérieures ont été prises en accord avec les valeurs familiales que nous croyions justes, cet affranchissement peut nous faire peur. Ce schéma de dépendance qui a débuté avec nos parents peut s'étendre à nos relations avec notre conjoint ou nos amis. Si nous res-tons ancrés dans cette habitude sécurisante et statique, nous risquons d'éprouver de l'ennui et de l'impatience et d'en venir à tenir les autres responsables de notre sentiment d'étouffement.

Par contre, la rébellion contre les valeurs parentales peut nous maintenir en perpétuel conflit avec nos parents. Si nous n'examinons pas de près cette bataille intérieure qui dure peut-être depuis de longues années, nous nous pri-vons de notre véritable pouvoir de décision.

Nos animaux peuvent nous soutenir dans nos efforts pour acquérir la confiance en soi et l'autonomie. Ils nous aident à nous concentrer sur notre expérience personnelle, à accepter nos hésitations et les erreurs inévitables, et à évoluer selon notre propre voie. Leur présence et leur affection indéfectible nous encouragent à nous faire confiance dans nos prises de décisions et nous inculquent le sentiment que nous méritons de connaître la joie, l'amour et le succès.

Le travail préalable à la prise de décision

Il arrive souvent qu'un patient me demande conseil lorsqu'il a de la difficulté à prendre une décision : « Dois-je quitter mon petit ami ? », « Dois-je épouser cette femme ? », « Ai-je raison de vouloir divorcer ? », « Est-ce le bon moment pour acheter une maison ? », « Devrais-je avoir un enfant ? », et ainsi de suite. Le cœur du problème n'est pas la décision en elle-même, mais l'incapacité de faire un choix. L'aptitude à diriger sa vie est inhibée par le manque de confiance en soi et de connaissance de soi.

Sylvia, âgée de vingt-sept ans, avait épousé son mari alors qu'il finissait sa dernière année de droit. Elle espérait qu'une fois qu'il serait admis au barreau, leurs difficultés financières s'estomperaient. Leurs fréquentations avaient été romantiques et ils avaient décidé de se marier sans tarder. Les parents de Sylvia n'étaient pas favorables à un mariage aussi précipité, pensant qu'elle se privait ainsi de l'occasion de terminer ses propres études et de trouver un bon emploi. Deux ans après le mariage, Sylvia vint me consulter parce qu'elle éprouvait un profond ennui et une grande insatisfaction envers son mari.

« J'en ai par-dessus la tête de toujours être là pour soutenir Don et jouer la secrétaire pendant qu'il s'établit. Lorsque je lui dis que j'aimerais arrêter de travailler pour avoir un enfant, il insiste sur le fait que nous devons tout d'abord nous assurer une sécurité financière. J'en ai marre de toujours agir selon sa vision des choses. Les années passent et je pense que je devrais avoir un enfant avant d'avoir trente ans. La dernière grossesse de ma mère a été difficile et je ne veux pas me retrouver en pareille situation. Pourquoi devrais-je planifier ma famille en fonction de la carrière de Don, alors que lui n'est jamais là pour m'aider ? Peut-être devrais-je le quitter et le laisser s'occuper de sa carrière tout seul. Je suis pleine de rancœur et ma vie me déprime, mais je ne sais vraiment pas quoi faire. »

Après cet épanchement de colère et de déception, Sylvia reprit son souffle et attendit mes conseils. Elle ne voyait guère d'autre issue que se quereller avec son mari ou le quitter. C'était là le type de réaction qu'elle avait acquis au cours de son enfance lorsque, s'étant conformée à contrecœur aux directives de ses parents, elle éprouvait ensuite de l'insatisfaction et de la rancœur. Mettant ses problèmes sur le dos des autres, elle avait l'habitude de se rebeller avant même d'évaluer les diverses options qui s'offraient à elle.

Sylvia passa de longs et pénibles mois à examiner sa vie et la façon dont elle avait jusqu'alors tenté de satisfaire ses besoins. Elle dut affronter la peur de ne pas savoir quoi faire et sa frustration devant l'absence de solution immédiate à son problème. L'anxiété que lui causait cette situation ambiguë était difficile à supporter. Lorelei, d'une nature calme et patiente, lui fut alors d'une grande aide. Sylvia se servit d'elle dans ses exercices de psychodrame au cours desquels elle revécut son passé et reconsidéra ses choix face à ses parents. Avant de pouvoir prendre une décision judicieuse au sujet de son mariage, elle devait tout d'abord connaître ses besoins et comprendre comment, par le passé, elle avait évité d'assumer la responsabilité de ses décisions. Ou bien elle adoptait les valeurs parentales et respectait leurs conseils, ou bien elle s'y opposait aveuglément. Elle devait d'abord apprendre à se connaître avant d'être en mesure de définir son rôle d'épouse et de mère. À la maison, elle apprit à confier ses sentiments à son berger allemand, Emily, dont le côté maternel et chaleureux l'aida à se materner elle-même et à trouver le courage nécessaire pour prendre ses propres décisions.

Le cas de Ken illustre également ce processus d'individualisation. Tout comme Sylvia, Ken dut examiner attentivement ses besoins et ses valeurs. Après avoir obtenu sa maîtrise en administration, il s'était mis à travailler dans l'entreprise florissante de son père, spécialisée dans les pièces électriques de rechange. Adolescent, il y avait travaillé au cours de ses vacances d'été et avait été loué pour son ardeur au travail et sa fiabilité. Il ne s'était jamais permis, toutefois, d'exprimer la rébellion qui caractérise l'adolescence. Comme il était fils unique, ses parents comptaient sur lui pour reprendre l'entreprise familiale. Quelques années après son arrivée, son père tomba malade et dut limiter sa participation aux activités de l'entreprise. C'est ainsi que le jeune homme se mit à assumer la direction et l'organisation financière de ce commerce en pleine expansion.

À l'âge de trente-sept ans, Ken se mit à souffrir quotidiennement de crises d'anxiété et à faire des cauchemars. À tel point qu'il fut contraint d'examiner de près la cause de ces symptômes. C'est alors qu'il vint me consulter. Au fur et à mesure qu'il me parlait de sa vie, je compris pourquoi il connaissait un tel succès dans son travail. Il était sensible, consciencieux, et prenait sur ses épaules tous les problèmes qui se présentaient. Il avait toujours été un fils exemplaire et ses parents comptaient sur ses efforts et son application. Malheureusement, en refoulant son désir de rébellion, il avait ignoré son besoin de faire des choix pour lui-même.

Au cours d'une séance, Ken me raconta un rêve particulièrement intense. Il était coincé dans un ascenseur entre deux étages, dans l'usine de son père. Il frappait sur la porte et pressait tous les boutons de l'ascenseur, essayant désespérément de se sortir de là. Mais ses efforts étaient vains. Il criait à l'aide, mais les employés étaient tous occupés à leur poste de travail et ne l'entendaient pas. Ken se mit à trembler en se remémorant le rêve. «À la fin du rêve, j'ai été pris de panique. J'avais essayé toutes les solutions. J'avais l'impression d'avoir hurlé pendant des heures, mais personne ne m'entendait. »

Sentant l'angoisse dans sa voix, Delilah vint lui offrir son soutien. Ken se pencha pour la caresser et ressentit sa chaleur sécurisante. Je lui demandai alors de reconstituer les différentes parties de son rêve et de parler à Delilah comme s'il incarnait chacun des éléments de l'histoire. J'éteignis la lampe qui se trouvait à mes côtés afin de ne laisser que la lumière diffuse du jour pénétrer dans la pièce. Ken se mit à parler au présent, à la première personne du singulier. Il dit à Delilah, « Je suis un ascenseur coincé dans l'usine de mon père et je ne peux ni monter ni descendre. Je suis le travailleur qui est occupé à sa tâche et qui n'entend pas mes appels au secours. Je suis la machinerie qui remplit sa fonction sans relâche. Je suis l'endroit où l'ascenseur se trouve coincé dans sa cage. » Sa voix semblait très jeune et vulnérable. Il se remit à trembler. Je lui demandai alors de crier à l'aide comme dans son rêve. Delilah accourut aussitôt vers lui et mit sa patte sur sa main. Ken se pencha vers la chienne et se mit à pleurer. Cette expérience marqua le début d'une série de séances intenses au cours desquelles Ken s'efforça de découvrir ses besoins et de trouver le sens de l'orientation. Avec l'aide de Delilah, il apprit que lorsqu'il exprimait clairement son besoin d'être aidé, il pouvait être entendu.

Ken passa plus d'une année à examiner ses besoins et à tenter de comprendre comment il les avait réprimés. Il réalisa à quel point il avait investi de lui-même dans ses rapports avec ses parents. Il continua à travailler sur ses rêves, se servant de Delilah pour arriver à exprimer les différents aspects de lui-même. À la maison, il se mit à pratiquer cette technique en compagnie de ses beagles Mutt et Jeff, qui l'incitaient à écouter sa voix intérieure et à s'amuser.

Remettre vos choix en question

Si nous suivons de trop près les traces de nos parents, il y a de fortes chances que nous nous sentions captifs, comme Ken le vécut dans son rêve d'ascenseur coincé. Cela nous empêche d'explorer nos propres désirs. Et lorsque nous envisageons d'autres options, nous courons toujours le risque d'échouer ou de rencontrer la réprobation parentale. La conformité à l'itinéraire familial peut nous donner un sentiment de sécurité, mais nous prive de l'excitation et des rebondissements d'une exploration personnelle.

Les choix que nous devons faire au cours de notre vie en ce qui a trait à notre vie amoureuse, au travail, aux loisirs et à notre créativité nous forcent à prêter attention à tous les aspects de notre personnalité. Les décisions prises au cours de notre jeunesse devront sans doute être réexaminées à l'âge adulte. Il est tout à fait naturel de vouloir établir un milieu sécurisant et familier, et de ne pas s'exposer à perdre l'amour et l'approbation de nos parents ou de notre conjoint par nos agissements. Mais il existe en chacun de nous une tendance naturelle tout aussi forte à exprimer notre individualité. Ce faisant, nous acquérons un sentiment de maîtrise et de confiance en nous. En parlant ouvertement de nos peurs et en dévoilant nos attitudes occultées, nous parvenons à une intégration de plus en plus grande de notre personnalité. Ce travail exige du temps, de la confiance et de la créativité. Nous pouvons compter sur l'aide de nos animaux thérapeutes au cours de ce processus.

Le prochain exercice a pour but de vous aider à définir votre identité par une prise de conscience de vous-même.

La pratique du psychodrame en compagnie de votre animal vous aidera à comprendre la façon dont vous percevez votre système familial, et quel rôle vous y jouez. Elle vous permettra également de voir les étapes de votre vie où vous avez fait des choix sans vous en rendre compte. Cet exercice vous aidera également à mettre en lumière les facteurs qui influencent vos choix actuels et vous donnera l'occasion d'expérimenter d'autres facettes de vous-même. La participation d'un animal n'y est pas essentielle, mais la présence attentive d'un animal de compagnie peut vous motiver et vous donner un renforcement positif une fois l'exercice terminé.

Exercice n° 3 : Qui suis-je ?
Comment faire le bon choix ?

1. Trouvez un endroit tranquille et asseyez-vous près de votre animal. Savourez un moment de détente en sa compagnie. Respirez profondément et prêtez attention à vos cinq sens. Confiez à votre animal ce que vous voyez, entendez, touchez, sentez, et goûtez.

2. Dites-lui : « Voici comment je me sens en ce moment. Je préférerais être... » Complétez votre énoncé par une description de vous-même qui vous vient à l'esprit.

3. Puis, mettez-vous dans la peau de votre animal et essayez de sentir ce que lui-même ressent et ce qui lui ferait plaisir en ce moment. Peut-être a-t-il faim ou a-t-il envie de jouer. Cette partie de l'exercice peut être amusante. Détendez-vous et donnez libre cours à votre imagination.

4. Une fois que vous avez réveillé vos aptitudes à la projection et à la simulation, faites semblant d'être votre mère, si vous êtes une femme, ou votre père, si vous êtes un homme. Adoptant son point de vue, parlez de votre enfant (de vous-même) tel que vous le percevez aujourd'hui. Décrivez-vous, parlez de vos réussites, de vos échecs, de votre faculté d'aimer et de tout autre attribut qui vous vient à l'esprit. Laissez votre parent exprimer ses aspirations en ce qui concerne votre vie actuelle : une meilleure relation conjugale, une meilleure situation financière, un travail différent, une attitude différente envers la famille, une nouvelle maison, plus d'amis, etc. Que pensez-vous de ses remarques ?

5. *Dites à votre animal si le point de vue de votre parent et ses souhaits correspondent à votre perception de vous-même et à vos propres aspirations. Dans la négative, vous avez identifié chez votre parent du même sexe une croyance ou une valeur qui ne vous convient pas. Examinez-la attentivement en exprimant à voix haute à votre animal qui vous êtes, ce que vous souhaitez pour vous-même et comment vos parents vous perçoivent. Notez les ressemblances et les différences entre les deux points de vue. S'il y en a plusieurs, dressez deux listes que vous relirez à voix haute en compagnie de votre animal. Y a-t-il des points communs entre votre opinion et celle de votre parent ?*

6. *Complétez cet exercice en demandant à votre animal de vous transmettre un message positif sur la façon dont il vous perçoit et sur ce qu'il vous souhaite aujourd'hui. Imaginez le contenu de ce message et répétez-le à voix haute. Restez assis avec votre animal pendant quelques instants et intériorisez ces paroles affectueuses.*

7. *Lorsque vous serez prêt, répétez cet exercice en jouant cette fois le rôle de votre parent du sexe opposé.*

Les croyances et les exigences de vos parents sont ancrées dans votre esprit depuis de longues années. Faites preuve de patience lorsque vous les énoncez par écrit ou de vive voix. Une fois que vous aurez clarifié votre façon de voir les choses et celle de vos parents, vous serez prêt à faire des choix judicieux.

Cet exercice est efficace car il vous permet de vous détendre et de donner libre cours à votre imagination, avec l'appui de votre animal. Il vous permet également de vous défaire de votre esprit logique et de vos vues habituelles et vous encourage à explorer les attitudes de vos parents telles que vous les avez perçues. Puis, grâce au rapport positif et bienveillant que vous entretenez avec votre animal, il vous aide à façonner une image de vous-même plus appropriée et à définir vos choix actuels.

Le fait de projeter votre conscience sur votre animal et de donner libre cours à votre imagination vous permet de comprendre les perceptions qui ont façonné votre vie et influencé vos choix. Vous accroissez ainsi votre capacité d'auto-évaluation et votre confiance dans votre capacité de faire des choix à court et à long terme. Muni de cette nouvelle conscience et de cette nouvelle connaissance de vous-même, vous êtes maintenant prêt à affronter une autre dimension du processus d'individualisation : apprendre à obtenir ce que vous désirez.

COMMENT CONCRÉTISER SES DÉSIRS

Le manque de confiance en soi et l'incapacité de s'affirmer peuvent rendre une personne amorphe et gauche dans ses rapports sociaux et professionnels. La capacité de s'affirmer et d'agir dans son intérêt est un comportement acquis, tout comme le sentiment de sa valeur personnelle et la capacité de faire des choix. Peut-être avons-nous eu la chance d'avoir des parents qui nous ont montré comment obtenir ce dont nous avons besoin par un comportement approprié. Si, toutefois, nous n'avons pas eu de tels modèles, il se peut que nous nous sentions impuissants et à la merci d'autrui dans les situations qui exigent que nous soyons clairs et sûrs de nous.

Il arrive parfois que des parents ou des enseignants bien intentionnés encouragent les enfants à être silencieux, polis et passifs, et récompensent ceux qui n'expriment pas leurs désirs. Si tel a été notre conditionnement, il se peut que nous soyons devenus des adultes timides, effacés, affables, refoulés et incapables d'obtenir ce que nous désirons. Peut-être craignons-nous d'être spontanés et fermes. Ce comportement est souvent dû à un manque d'estime de soi et à une incapacité de prendre des décisions. Si nous pensons que la soumission est notre seul choix, cela mine encore davantage notre estime de nous-mêmes.

Nous adoptons alors une attitude accommodante, évitant à tout prix de créer des remous de peur de perdre la sécurité, l'amour et l'approbation que nous gagnent notre affabilité et notre passivité. Nous craignons qu'en affichant notre indépendance et en exprimant nos désirs, nous perdrons l'estime et l'approbation de notre famille, de nos amis, de nos collègues et même des étrangers. Évitant de nous compromettre, nous tremblons à l'idée de confrontations et de disputes pénibles. Nous nous imaginons à court d'arguments, ridiculisés, et pire encore, commettant une erreur irrémédiable.

Apprendre à s'affirmer

La peur de vivre et d'exprimer son individualité peut être surmontée par l'apprentissage de l'affirmation de soi. Avec l'aide d'un animal thérapeute, nous pouvons remodeler notre comportement, apprendre les techniques qui nous permettront d'établir des relations humaines efficaces et acquérir le sentiment que nous pouvons satisfaire nos besoins.

Mes toutes premières expériences avec Lorelei et Delilah à l'école de dressage furent mémorables. Je dus apprendre à exprimer ce que j'attendais d'eux d'une façon claire et ferme. Je ne cherchais ni à obtenir leur approbation, ni à leur faire plaisir. Je ne pouvais pas non plus raisonner, tenter de les convaincre ni les séduire. C'était clair et net, sans demi-mesure. Mon expression corporelle, le timbre de ma voix et mon langage devaient s'accorder. Je pouvais immédiatement évaluer l'efficacité de ma technique de communication par la réaction suscitée. L'esquive et la passivité n'ont pas leur place dans une école de dressage.

Les techniques de dressage sont basées sur les résultats de recherches sur le conditionnement et l'apprentissage. Le comportement d'un chien est modelé par un système de récompenses et de punitions. L'animal est conditionné à obéir à son maître par sa réaction : soit une approbation enthousiaste, soit un mouvement brusque du collier accompagné d'un « non » résolu. Le maître est aussi conditionné à un type de comportement. Il apprend à porter toute son attention sur son chien et à lui donner des ordres clairs et fermes. Ses efforts sont récompensés par la docilité du chien. Ils sont donc tous deux conditionnés : le chien apprend à se conduire de façon exemplaire et le maître acquiert un sentiment d'autorité et de pouvoir.

Une de mes patientes, nommée Linda, a réappris à s'affirmer en emmenant son chien à des cours de dressage. Âgée de vingt-six ans, elle travaillait comme chercheuse analyste. Elle évitait généralement de prendre position sur quoi que ce soit. Elle ne recevait pas les augmentations de salaire qu'elle méritait, et c'était toujours elle qui était choisie pour faire des heures supplémentaires. Lorsqu'elle sortait avec un homme, elle s'efforçait tellement de lui plaire qu'il ne la rappelait pas, ce qui la laissait perplexe.

Linda était la deuxième d'une famille de trois enfants. Ses parents la récompensaient pour son abnégation, ses égards et son aptitude à se soumettre aux priorités d'autrui. Ils étaient pris par leurs multiples obligations et préoccupés par leur mariage sur le déclin. Ils n'avaient guère d'amour à offrir à leurs enfants. C'est ainsi que Linda avait développé un intense désir de plaire et essayait de gagner leur attention et leur approbation aussi souvent que possible. Son père, qui lui consacrait plus de temps que sa mère, l'encourageait à adopter ce qu'il croyait être les meilleures valeurs. Il lui apprit à être courtoise, prévenante et obligeante envers ses pairs et les autres adultes. Pleine d'amour et d'admiration pour son père, Linda modela son comportement en fonction de ses idéaux. C'est seulement à l'âge de vingt-six ans qu'elle se rendit compte à quel point elle était frustrée, insatisfaite et incapable de manifester ses désirs.

Au tout début d'une séance de thérapie, Linda m'entendit ordonner à Lorelei de se coucher tranquille. Sachant combien j'aimais mes chiens, elle fut surprise par la fermeté et l'inflexibilité de ma voix. Elle parlait toujours tout bas et avait du mal à exprimer clairement ses opinions. Je lui suggérai d'essayer de donner quelques ordres à Lorelei ; elle fut sidérée par sa promptitude à obéir.

« Elle m'a écoutée quand je lui ai dit non. Je n'arrive pas à le croire ! »

Linda débordait d'enthousiasme. Je l'invitai à continuer de donner des ordres à Lorelei en portant attention à la force qu'elle pouvait donner à sa voix. Linda poursuivit l'exercice, regardant Lorelei du haut de la chaise sur laquelle elle était montée. Puis, elle prit Lorelei par le collier et lui dit d'une voix claire et ferme : « Lorelei, c'est moi qui commande ici et tu vas faire ce que je t'ordonne. » Linda venait de prendre contact avec son pouvoir personnel et son leadership.

Au cours des séances suivantes, Linda revécut les rapports familiaux de son enfance et comprit peu à peu comment elle avait jusqu'alors évité de voir à satisfaire ses besoins. Elle avait renoncé à sa responsabilité envers elle-même, puis se demandait pourquoi elle n'arrivait pas à obtenir ce qu'elle voulait. En travaillant avec Lorelei, elle prit conscience de cet aspect de sa personnalité. Elle décida d'adopter un chien afin de poursuivre ces exercices d'affirmation chez elle. Elle choisit un doberman pinscher qu'elle appela Victoria et l'emmena dans une école de dressage.

Grâce aux séances de thérapie et à ses cours hebdomadaires de dressage, Linda développa sa confiance en soi. Elle put faire appel à ce nouveau sentiment de puissance dans les situations où elle devait s'affirmer. Elle découvrit ainsi qu'elle pouvait se gagner le respect et l'appréciation d'autrui non pas en suivant aveuglément les règles parentales, mais en prenant en main la satisfaction de ses propres besoins.

Un autre de mes patients, nommé Darrell, se trouva lui aussi confronté à cette incapacité de s'affirmer. Darrell était psychiatre et âgé de quarante-et-un ans; il pouvait résoudre efficacement les problèmes de ses patients, mais n'arrivait pas à s'opposer à sa fiancée critique et dominatrice. C'est elle qui choisissait la date et le lieu de leurs vacances, les cours de gastronomie qu'ils allaient suivre. C'est même elle qui choisissait le tissu pour ses vestes de tweed importé. Elle travaillait comme directrice de marketing et ne pouvait manifestement pas s'empêcher de se servir de ses talents d'administratrice dans leurs relations intimes.

«Pourquoi les femmes ne m'apprécient-elles pas tel que je suis? Je n'arrive jamais à les satisfaire.» Darrell me parla de son enfance, de son père calme et débonnaire, de sa mère exigeante et critique, qui enseignait au secondaire. Il avait travaillé fort pour réussir, mais n'avait jamais gagné l'approbation de sa mère. Elle exigeait de lui toujours plus qu'il ne pouvait offrir. Il avait appris de son père à être passif dans ses rapports personnels. Il essayait encore de satisfaire indirectement sa mère désapprobatrice en tentant de plaire à sa fiancée.

Après avoir examiné le rapport entre ses expériences de jeunesse et sa difficulté de s'affirmer, Darrell entreprit des exercices de psychodrame en compagnie de Lorelei, la plus maternelle de mes deux chiennes. Il faisait semblant que Lorelei était sa mère et qu'elle pouvait l'entendre et le comprendre. Il lui confia comment il était déchiré entre son désir de se satisfaire lui-même et son besoin de plaire aux autres, et affirma qu'il n'était plus un petit garçon qui recherchait l'approbation de sa mère. Il revécut une expérience qu'il avait eue lorsqu'il allait à l'école secondaire, où sa mère avait levé le nez sur son bulletin qui, selon elle, n'était pas « à la hauteur ». Sa voix chancela au moment où il se remémora sa honte. Puis, elle tourna à la colère quand il affirma à sa mère qu'elle n'avait pas le droit de juger son travail. À la fin de l'exercice, Darrell était enthousiasmé par ce nouveau sentiment de puissance. Lors d'une autre séance, il fit semblant que Lorelei était sa fiancée et lui exprima avec véhémence ce que, selon lui, elle devrait faire, et comment elle devrait le faire. En exagérant intentionnellement ses exigences et son autorité, il réussit à renforcer sa confiance en soi et sa capacité de s'affirmer. Il arpentait la pièce en faisant « l'important » et en parlant d'un ton rude. Nous savourions tous trois ce moment. Avec l'aide de son animal thérapeute, Darrell venait de découvrir une nouvelle facette de lui-même, celle d'un homme plus sûr de lui, ayant confiance en lui-même et moins dépendant de l'approbation d'autrui.

Vous vous leurrez si vous pensez que vous allez être apprécié ou aimé lorsque vous dites « oui » quand vous voulez vraiment dire « non ». Ce comportement passif et amorphe risque de vous faire perdre de vue vos désirs. Et vous n'obtiendrez peut-être pas en fin de compte le respect qui vous est dû. Le dressage d'un chien peut vous guérir une fois pour toutes de ce type de rapport autodestructeur. C'est une façon particulièrement efficace de vaincre la passivité et la peur de prendre la responsabilité de sa propre vie.

Les cours de dressage sont offerts dans un bon nombre de parcs publics. Ils ne sont pas trop dispendieux et durent généralement de huit à dix semaines. Ils constituent une bonne façon d'apprendre à s'affirmer. Votre chien acquerra

la discipline de base, et vous apprendrez à exprimer clairement et fermement ce que vous voulez.

En plus de suivre des cours de dressage, vous pouvez
développer votre capacité de vous affirmer à la maison, en
compagnie de votre chien ou de votre chat. L'exercice qui
suit vous aidera à explorer de nouveaux comportements et à
vous redonner confiance en vous.

Exercice n° 4 : Apprendre à s'affirmer au moyen du psychodrame

1. Asseyez-vous dans un endroit tranquille et dégagé, sur une chaise droite sans rembourrage. Notez la rigidité et l'aplomb de son dossier.

2. Tournez-vous vers votre animal thérapeute et décrivez-lui les situations dans lesquelles vous vous êtes laissé aller à la passivité et n'avez pas osé affirmer vos besoins.

3. Choisissez un de ces événements pour votre exercice de psycho-drame. Ce peut être une situation troublante au travail où vous n'avez pas exprimé clairement que vous vouliez une augmentation de salaire ou une autre marque de reconnaissance pour vos efforts. Ce peut être aussi une relation amicale qui a toujours été axée sur les désirs de l'autre, une relation amoureuse dans laquelle vous n'avez pas explicité vos besoins. Ou peut-être un autre événement où vous n'avez pas obtenu ce que vous désiriez parce que vous n'avez pas réussi à l'exprimer.

4. Une fois la situation choisie, votre animal jouera le rôle de la personne devant laquelle vous n'avez pas réussi à vous affirmer. Au début, montrez-vous le plus passif et le plus soumis possible. Prenez un ton exagérément doux, adoptez une attitude soumise et montrez-vous complaisant à l'extrême, indécis et sans moyens.

5. *Faites comme si votre animal était cette personne ; imaginez les propos fermes, clairs, précis et assurés qu'elle pourrait tenir. Voyez comme elle est décidée à obtenir ce qu'elle demande. Que pensez-vous de cette attitude assurée ? Demandez à votre animal ce qu'il éprouve à être aussi puissant et imaginez sa réponse enthousiaste.*

6. *Rejouez maintenant la scène, mais sous une autre perspective. Adressez-vous à la même personne mais, cette fois-ci, montrez-vous agressif, autoritaire et fort en gueule. Arpentez la pièce en bombant le torse, en menaçant votre interlocuteur du poing et en lui lançant un regard furieux. Donnez-lui des ordres. Vos gestes doivent traduire la colère et la puissance. Imaginez maintenant votre animal comme un être doux, vulnérable, en proie à l'insécurité et ayant peur de vous répondre. Qu'avez-vous éprouvé en exprimant cette agressivité ? Demandez à votre animal ce qu'il a ressenti dans le rôle de l'impuissant et imaginez la frustration contenue dans sa réponse. Vous venez d'incarner deux comportements extrêmes. Tous deux ont été dramatisés et risquent fort peu de se présenter dans le contexte de votre expérience quotidienne, mais ils vous ont fait explorer diverses facettes de votre comportement.*

7. *Assis sur votre chaise droite et rigide, reprenez le caractère assuré de la personne dans l'étape n° 5 et adressez-vous à votre animal. D'une voix claire et posée, exprimez vos pensées, vos besoins et vos désirs à la personne que représente votre animal. Dites-lui comment vous comptez obtenir ces choses. Lorsque vous aurez terminé, demandez à votre animal comment il s'est senti face à votre demande. Imaginez qu'il vous dise combien il vous respecte et combien il est impressionné par votre clarté et votre assurance. Cette dernière attitude représente le juste milieu. Elle vous procurera un sentiment d'équilibre qui vous aidera dans vos contacts de la vie quotidienne.*

Répétez cet exercice en prenant d'autres situations d'échec de votre passé, prenant soin à chaque fois de choisir un problème qui vous affecte actuellement et que vous aurez à résoudre au cours de la prochaine semaine. Une fois la situation vécue, examinez en compagnie de votre animal ce qui a marché et ce qui n'a pas marché. (Pour les situations où vous n'avez pas réussi à vous affirmer, reformulez vos aspirations en compagnie de votre animal thérapeute.) Quel effet cela vous a-t-il fait de vous exprimer ainsi dans une situation réelle ? Avez-vous besoin de refaire l'exercice ? Laissez votre animal vous complimenter pour vos efforts et préparez-vous à vivre d'autres situations où vous vous affirmerez encore davantage.

Le fait de se montrer sûr de soi et de s'affirmer n'est pas une attitude agressive et destructrice, mais un acte créatif et positif. L'exploration et l'adoption de nouveaux comportements ne sont pas sans risques. Les cours de dressage et les exercices d'affirmation de soi au moyen du psychodrame peuvent vous donner l'occasion de vous pratiquer avant d'affronter les situations réelles.

Au fur et à mesure que vous apprendrez à modifier votre comportement, à prendre des décisions et à répondre à vos besoins, vous serez en mesure d'explorer une autre facette du processus d'individualisation : la réalisation de vos potentialités en tant qu'individu pleinement actualisé.

VERS L'ACTUALISATION DE SOI

Exercer une carrière et éduquer une famille sont des tâches qui nous occupent à plein temps pendant la plus grande partie de notre vie adulte. Une fois que nos enfants sont devenus autonomes et que nous avons réalisé nos ambitions professionnelles, nous nous trouvons confrontés à la question : « N'y a-t-il rien d'autre ? » C'est là une étape du processus d'individualisation où certaines personnes viennent me consulter, non pas pour surmonter les difficultés liées à leur affranchissement de la tutelle parentale ou à leur manque de confiance en elles-mêmes, mais pour comprendre le sentiment qui émerge en elles de vouloir davantage et de mériter davantage. Elles éprouvent un besoin croissant de se connaître et d'exprimer leur créativité, une tendance naturelle à se réaliser pleinement comme individus.

Abraham Maslow décrit l'individu actualisé ou pleinement réalisé comme un être créatif et productif qui sait jouir de la vie. Lorsque nous atteignons ce niveau de développement, notre créativité connaît un essor. Il se peut que nous nous engagions alors dans une nouvelle carrière, que nous découvrions une dimension inconnue dans nos rapports intimes ou que nous éprouvions le besoin de trouver un partenaire qui nous convienne davantage. En explorant de nouvelles avenues dans le travail et les loisirs, il se peut aussi que nous trouvions de nouveaux modes d'expression dans le domaine de l'art, de la musique, de l'expression corporelle ou de l'écriture. (Voir *Notes*, n°15.)

Le besoin de s'épanouir

L'étape de la réalisation de soi est une étape de redécouverte de soi, un élargissement de notre capacité de jouir de la vie, au travail comme dans nos loisirs. Nous faisons maintenant confiance à notre potentiel unique. Nous n'avons plus peur de prendre des risques. Nous devenons de plus en plus conscients de ce qui peut vraiment nous combler. Au cours de ce processus, nos animaux thérapeutes peuvent nous apprendre à nous mettre à l'écoute de nous-mêmes et nous offrir leur appui durant les périodes où nous réévaluons et réorganisons notre vie.

Ce besoin de s'épanouir pleinement et de donner un sens plus profond à sa vie est parfaitement illustré par deux de mes patients. Ni l'un ni l'autre ne souffraient d'un manque de confiance en soi ou d'un sentiment d'échec ; et pourtant, ils commençaient à se sentir insatisfaits de leur vie. Ils étaient insatisfaits de leur évolution et des habiletés qu'ils avaient développées au cours de leur jeunesse. Ils éprouvaient tous les deux le besoin de trouver une manière de vivre plus créative et signifiante. Ils eurent le courage de s'arrêter pour réexaminer leur vie déjà productive et pour rechercher une expérience plus profonde. Grâce à leur confiance en eux-mêmes, ils savaient que les portes s'ouvriraient s'ils se mettaient à explorer les potentialités qu'ils n'avaient pas exploitées jusqu'alors.

Roger, âgé de cinquante-trois ans, était médecin. Il était très occupé et travaillait de longues heures, jour et nuit. Il était également chargé de l'évaluation des services dans un hôpital et éprouvait une profonde satisfaction pour sa contribution en médecine. Il était marié depuis vingt ans, et grâce à leurs efforts et à leur amour réciproque, sa femme et lui avaient réussi à maintenir leur union. Ses deux fils maintenant à l'université, Roger avait commencé à ressentir que quelque chose manquait à sa vie.

« Je n'arrive jamais à trouver un moment pour moi-même. Mon agenda est surchargé et il y a toujours quelqu'un qui compte sur moi pour résoudre un problème. J'aime mon métier, mais j'ai l'impression que ma vie est en train de m'échapper. » Il se pencha vers Lorelei pour lui donner une vigoureuse caresse et prit plaisir à observer sa réaction enthousiaste. Il était rare que Roger s'arrêtât pour savourer le moment présent. Son sens de la discipline l'avait grandement aidé dans son travail, mais il était en mal d'inspiration. C'est pour cette raison qu'il vint me consulter. Il avait un talent remarquable pour aider son prochain, mais avait oublié comment prendre soin de lui-même.

Je lui suggérai de prendre Lorelei comme professeur et de lui jouer une de ses journées de travail. À le voir, on aurait dit Charlie Chaplin dans le film *Les Temps modernes*. Je lui demandai ensuite de respirer profondément et de se remémorer un moment de son enfance où il avait été dépendant et insouciant. La présence chaleureuse de

Lorelei le soutint pendant qu'il évoquait le souvenir de son frère aîné l'emmenant à la plage et le portant dans ses bras à travers les vagues. Ce souvenir de détente et d'insouciance devint pour Roger le symbole de son enfance, de sa liberté, de son esprit enjoué et de son désir inassouvi de trouver quelqu'un qui s'occupe de lui.

Au cours des séances suivantes, Roger continua de se servir de Lorelei comme support émotif et lui raconta ses souvenirs d'enfance. En réveillant ces sentiments de dépendance et en prenant conscience du caractère discipliné et contrôlé de sa vie actuelle, il réussit à élargir sa perception de lui-même et à retrouver son instinct de plaisir et de créativité. Se rappelant le plaisir qu'il avait eu, enfant, à façonner l'argile, il s'inscrivit à un cours de sculpture (prenant son premier après-midi de congé). Il s'aperçut qu'il pouvait vivre sa relation conjugale sans se sentir toujours responsable et obligé de résoudre tous les problèmes. Cette nouvelle attitude leur permit, à lui et à sa femme, d'approfondir leur intimité et de réaffirmer leur amour l'un pour l'autre. Avec l'aide de ma chienne, Roger s'ouvrit à de nouvelles dimensions de lui-même, à son besoin d'être dépendant et détendu, et de goûter la joie de la créativité.

Mon autre patiente s'appelait Sarah. Elle était heureuse de son rôle d'épouse et de mère de famille mais, comme bon nombre de femmes, elle éprouvait le besoin d'élargir le champ de ses expériences et d'enrichir son identité. Elle me consulta dans le but de redécouvrir ses ressources créatrices et satisfaire ce nouveau besoin. Elle avait acquis une solide renommée comme mannequin lorsqu'elle habitait New York et avait développé ses talents artistiques avant d'épouser un producteur de cinéma et d'aller vivre avec lui en Californie. Elle avait consacré le plus clair de son temps à élever ses deux enfants turbulents, et avait aidé et conseillé son mari dans ses projets de films. Maintenant que ses enfants étaient à l'université, il ne lui restait plus que son chat Minerva qui lui appartînt en propre. Sarah avait alors quarante-huit ans et se sentait déprimée et déclassée sur le plan professionnel.

« La vie ne se limite quand même pas à élever ses enfants et à aider son mari ! J'ai pris du poids au cours de ces dernières années et j'ai du mal à me rappeler qu'il y a vingt ans, je faisais la couverture du *Vogue*. Bien entendu, je ne regrette pas d'avoir eu une famille, mais il faut que je consacre le reste de ma vie à l'expression de ma propre créativité. Comme le temps file ! »

Sarah me parla de son enfance. Comme elle aimait les chats, je décidai, à sa deuxième visite, de faire entrer mon chat Merlin en scène. Bien que Sarah exprimât son ardent besoin d'indépendance et son désir de se lancer dans des projets bien à elle, je sentais qu'elle était anxieuse et craintive à l'idée de s'engager dans une voie inconnue. Au cours de cette séance, elle posa Merlin à ses côtés, sur le canapé, et nous remontâmes ensemble le fil du temps, jusqu'aux débuts de sa carrière de mannequin, à l'âge de seize ans. Tout en caressant Merlin, elle ferma les yeux et reprit contact avec les sentiments d'exaltation et de joie qu'elle avait éprouvés à cette époque. Puis, elle se mit à concevoir différents scénarios de ce qu'aurait pu être sa vie si elle avait choisi une autre voie. Elle s'imagina poursuivant sa carrière de mannequin. Elle se vit artiste, installée dans un loft à New York. Enfin, elle se rappela la joie qu'elle avait éprouvée à cajoler ses enfants lorsqu'ils étaient nourrissons. Se servant de Merlin comme interlocuteur, elle revécut le plaisir de se sentir utile et prit conscience une fois de plus de l'amour qu'elle portait à ses enfants.

Les divers scénarios que Sarah joua au cours de sa thérapie l'aidèrent à reconnaître ses potentialités – toutes les voies qu'elle aurait pu suivre et celles qui s'ouvraient encore à elle. Cette prise de conscience donna à Sarah une perception plus claire d'elle-même et le courage nécessaire pour sortir de chez elle et aller explorer les champs d'action dans lesquels elle pouvait s'engager. Elle poursuivit également ses exercices à la maison, en compagnie de son chat. Après une année de thérapie, elle accepta un poste dans un hôpital où elle enseigna à des adolescentes à améliorer leurs soins de beauté et à développer leur confiance en elles-mêmes. Ce travail stimula sa propre confiance en soi et fit appel à ses talents de mère, de mannequin et d'artiste. Plus tard, elle reprit ses études et obtint un diplôme en travail social.

La conscience de soi et la confiance en soi se développent tout au long de notre vie. Cependant, vers le mitan de la vie, nous avons l'occasion de raviver notre enthousiasme et de tenter des expériences créatives. Nous devons nous encourager à rester ouverts aux changements. Nos animaux peuvent nous inspirer et nous soutenir moralement pendant que nous explorons les différentes options qui s'offrent à nous. Ils peuvent nous aider à développer notre imagination et à exercer nos facultés créatrices atrophiées. Grâce à leur aide et à une nouvelle confiance en nous-mêmes, nous pouvons arriver à réaliser nos potentialités.

L'exercice qui suit vous aidera à réaliser vos rêves et à donner une forme à vos fantasmes. Quelle que soit votre occupation actuelle – époux ou épouse, mère ou père de famille, travailleur –, vous possédez tous des qualités latentes inexploitées, enfouies dans votre passé. Votre animal thérapeute peut vous guider dans ce domaine imaginaire et vous aider à passer du rêve à la réalité. Bien que cet exercice puisse se faire sans la présence d'un animal, le contact physique avec celui-ci vous incitera à la détente et vous aidera à donner libre cours à votre imagination. Cette sensation tactile vous procurera un sentiment de sécurité qui vous permettra de désamorcer votre esprit logique et d'ouvrir les écluses de votre créativité.

Exercice n° 5 : Du rêve à la réalité

1. *Trouvez un endroit confortable et tranquille et asseyez-vous en compagnie de votre animal. Respirez à fond. Caressez votre animal et prenez quelques minutes pour détendre chaque muscle de votre corps. Vous allez vous transporter mentalement dans votre passé pour y rechercher les talents et les joyaux que vous avez mis de côté. Fermez les yeux, respirez profondément et reportez-vous à l'époque de votre vie où vous vous sentiez le plus heureux et le plus enthousiaste.*

2. *Imaginez-vous en train de vous adonner à une de vos activités préférées : activité artistique, écriture, pratique d'un instrument de musique, lecture, exécution d'un projet scientifique en laboratoire, soin d'un animal ou simple compagnie d'une personne que vous admiriez. Revivez le plaisir intense que cette activité vous a procuré. Essayez de vous rappeler vos aspirations, à l'époque où vous rêviez de devenir un être hors du commun. Il se peut que vous ayez eu plusieurs rêves de cette nature. Soyez patient et prenez le temps de sonder vos souvenirs les plus précieux. Caressez votre animal en respirant profondément et régulièrement.*

3. *Lorsque vous aurez retenu le rêve le plus significatif, ouvrez les yeux et faites-en part à votre animal thérapeute.*

4. *Imaginez maintenant votre animal vous conseillant sur la façon dont vous pouvez réaliser ce rêve. Peut-être devriez-vous prendre un cours du soir, demander conseil à quelqu'un, faire quelques tentatives ; ou peut-être pourriez-vous retrouver dans votre grenier de vieux carnets de notes ou vos peintures, louer un piano, explorer la nature au cours d'un week-end.*

5. *Une fois que vous aurez ressuscité votre rêve, trouvez un moyen de l'intégrer dans votre vie présente afin de mettre à profit* *vos talents créateurs et d'actualiser des dimensions inexploitées de vous-même.*

Si vous sentez un jour que votre rêve vous échappe, refaites cet exercice en compagnie de votre animal. Retrouvez le fil de votre rêve et donnez-lui une forme dans votre vie quotidienne. Votre animal thérapeute vous encouragera à être créatif et à réveiller des aspects de vous-même qui élargiront votre individualité. Une fois que vous aurez reconnu l'importance de combler ce besoin, vous serez à même de réorienter votre vie dans une nouvelle direction.

RÉSUMÉ

La formation de l'individualité peut être l'une des dimensions les plus fascinantes et les plus satisfaisantes du développement personnel. Elle peut aussi s'avérer une tâche qui nous isole et nous effraie. Il se peut fort bien qu'elle vous replonge dans de vieux schémas d'impuissance et de désespoir. Heureusement, nous sommes tous en mesure de remodeler notre perception de nous-mêmes. Nous pouvons apprendre à nous affirmer et à nous défaire de notre passivité et de notre sentiment d'échec. Nous pouvons apprendre à nous faire confiance dans nos prises de décision et la définition de nos objectifs. Nous pouvons faire la distinction entre nos valeurs et nos besoins, et ceux de nos parents. Enfin, nous sommes en mesure de ranimer nos rêves et de réaliser nos potentialités. Le développement de l'individualité est un processus continu et évolutif.

Forts de ce sens de notre identité, nous sommes maintenant prêts à aborder une nouvelle dimension de la réalisation de nos besoins affectifs: le développement de nos rapports intimes. La connaissance de son expérience et de ses besoins uniques, la confiance en soi ainsi que le sens de son individualité nous permettent de nouer des liens avec autrui.

3

VOTRE ANIMAL
PEUT VOUS AIDER
À FAIRE DES RENCONTRES

Les animaux peuvent grandement faciliter les rencontres. Une étude menée à Hyde Park, à Londres, a montré que les personnes qui se promènent en compagnie de leur chien sont plus ouvertes aux contacts sociaux et plus cordiales, conversent davantage et font de plus longues promenades que les promeneurs solitaires[18]. Un animal peut donc être le catalyseur idéal pour ceux qui désirent faire des rencontres et nouer des amitiés.

Pour certaines personnes, cependant, le problème n'est pas de rencontrer des gens. La difficulté majeure que rencontrent certains individus seuls à la recherche d'une relation durable est de reconnaître leurs besoins affectifs et de permettre au rapport intime de se développer. Faire des choix judicieux et éviter de commettre des erreurs demande d'avoir confiance en soi, d'être ouvert et réceptif, d'être prêt à examiner ses propres dispositions en matière de relations amoureuses et de croire à l'amour. Lorsqu'un rapport intime se développe, l'homme et la femme craignent souvent d'être vulnérables et de perdre leur autonomie. Et si le rapport se détériore ou se rompt, les partenaires risquent de se sentir désorientés et indignes d'amour.

Nous avons généralement tendance à nous replier sur nous-mêmes lorsque nous sommes confrontés à une déception ou à une perte. La présence réconfortante de notre animal peut alors nous rappeler que nous ne sommes pas seuls. Par son soutien affectif, un animal chaleureux et affectueux donne à son maître la possibilité de faire des rencontres et d'éprouver la tendresse et la vulnérabilité qui lui permettront de reconnaître ses besoins affectifs. La zoothérapie peut donc fournir aux personnes seules un excellent moyen d'établir et de développer des relations intimes. Elle peut également s'avérer bénéfique pour les couples qui envisagent de se marier, car la charge d'un animal les initiera au partage et à la responsabilité, favorisant ainsi la confiance mutuelle et la communication. Grâce à sa capacité de communiquer clairement son besoin d'attention, l'animal apprend aux partenaires à exprimer leurs attentes mutuelles. L'animal thérapeute joue aussi un rôle majeur dans les circonstances difficiles d'une séparation, offrant à ses maîtres un soutien inconditionnel et les encourageant à développer leur estime d'eux-mêmes. Le sentiment de sa valeur personnelle est un élément clé de la relation avec autrui.

COMMENT RECONNAÎTRE SES BESOINS AFFECTIFS

La personne qui vit seule nie souvent son besoin d'amour en s'entourant d'une carapace et en s'absorbant dans des activités extérieures. Elle cache sa sensibilité, son besoin de tendresse et sa soif d'affection. Les femmes qui réussissent sur le plan professionnel ont tendance à percevoir leurs besoins émotionnels comme incompatibles avec leur carrière. Leur rôle professionnel ne les incite pas à exprimer la douceur et la sensibilité qui sont essentielles à l'éclosion et au développement d'une relation amoureuse. Dans un monde encore dominé par l'homme, les femmes sont souvent poussées à la compétition et à la performance, au détriment de leurs besoins affectifs.

De son côté, l'homme célibataire se trouve souvent pris dans un piège qu'il s'est lui-même tendu et s'en tient à des relations amoureuses superficielles et éphémères. Craignant de perdre son autonomie, il évite de s'engager dans une relation durable. En réalité, il se met à l'abri de l'intimité qui pourrait naître s'il s'abandonnait à un rapport authentique qui s'ouvre à lui.

Ces hommes et ces femmes craignent peut-être aussi d'éveiller un sentiment de vulnérabilité souvent profondément ancré en eux du fait qu'ils n'ont jamais pu reconnaître leur dépendance envers leurs parents et s'en défaire. Cherchant à satisfaire un besoin qu'ils ont peur de se révéler à eux-mêmes, ils se trouvent ainsi pris dans un conflit intérieur qui consume beaucoup d'énergie sans toutefois leur procurer ce qu'ils désirent – l'amour. L'anxiété inhérente à ce conflit finit par émerger et se manifester ouvertement. C'est à ce moment que l'animal thérapeute peut entrer en scène et aider la personne à découvrir ses véritables besoins dissimulés au cœur de cette anxiété.

Le cas de Marlène illustre à merveille la façon dont certains jeunes gens qui ont réussi refoulent leur besoin d'amour. Marlène avait trente-et-un ans, venait de divorcer et s'efforçait d'acquérir son indépendance. Elle prenait des cours de danse aérobique quatre fois par semaine, allait au théâtre et au concert seule et, de temps à autre, dînait avec une amie. Elle était disciplinée dans son alimentation, fidèle à ses exercices et attentive à sa santé. Elle prenait grand soin de ses besoins physiques, mais négligeait ses besoins émotionnels. En dépit des efforts qu'elle faisait pour acquérir son autonomie, Marlène se réveillait apeurée au beau milieu de la nuit. Elle ignorait la source de son anxiété. Son travail comme réalisatrice à la télévision commençait à en souffrir. C'est alors qu'elle vint me consulter.

Marlène tenta d'avoir dans sa thérapie le même contrôle d'elle-même qu'elle exerçait dans sa vie. Après quelques mois de travail, nous n'avions pas encore touché la source de son anxiété. Comme Marlène aimait les chats, je décidai un jour d'amener mon chat Clancy au cabinet, curieuse de voir comment il pourrait l'aider dans son exploration intérieure.

« Je déteste la façon dont ma mère s'accroche à moi et essaie de me culpabiliser lorsque je ne l'appelle pas. Elle a peut-être réussi à contrôler mon père pendant qu'il était encore vivant, mais en aucun cas je ne lui permettrai d'affecter ma vie. Même lorsque mon père était à l'hôpital, elle a fait tout son possible pour manipuler la famille et jouer au martyr. »

Clancy alla se pelotonner sur ses genoux au moment où elle décrivait le rapport tendu entre elle et sa mère. Elle luttait contre son chagrin avec la même discipline que lorsqu'elle courait son dix kilomètres.

« Racontez-moi votre dernière visite au chevet de votre père », lui demandai-je.

Marlène se mit alors à relater le passé médical de son père. D'une voix chevrotante, elle me confia que son père savait que ses jours étaient comptés. Le dernier jour qu'ils ont passé ensemble, il lui confia combien il était heureux et fier de sa réussite. Marlène caressa Clancy, qui se mit aussitôt à ronronner. À cet instant précis, Marlène se sentit plus en sécurité à tenir Clancy qu'à me parler. Après un moment de silence, elle reprit: « Je ne m'étais pas rendu compte à quel point mon père me manque encore. »

Marlène comprit alors que la douleur causée par la perte de son père, jusqu'alors refoulée, s'était immiscée dans son existence spartiate et avait émergé durant son sommeil. La présence chaleureuse et affectueuse de Clancy l'avait mise en contact avec le chagrin causé par le départ de son père et son besoin d'affection et d'attention. L'anxiété qui était à l'origine de ses insomnies et de ses angoisses s'évanouit en même temps que son combat intérieur. Cette percée enclencha un travail de reconnaissance et d'acceptation de ses besoins. Elle adopta un chaton et introduisit plus de spontanéité dans sa vie structurée à l'extrême.

Le cas de Gregg illustre aussi comment le style de vie d'un célibataire peut masquer son besoin d'amour. Après avoir complété ses études universitaires, Gregg avait mis sur pied une petite entreprise de construction qui était devenue quelques années plus tard une des plus grosses entreprises de l'État. Il tirait une juste fierté de son travail, mais négligeait ses besoins intimes. Il n'arrivait pas à comprendre comment, à l'approche de la quarantaine, il se retrouvait encore célibataire et sans attaches. Il était pourtant bel homme, prospère, sportif, et ne faisait pas son âge. Il avait été fiancé à quelques reprises, mais ne s'était jamais rendu à l'autel. Sa dernière fiancée lui avait dit, de but en blanc, qu'il n'y avait manifestement pas de place pour elle dans sa vie. Tourmenté par l'inquiétude, Gregg entreprit une thérapie pour voir comment il pouvait améliorer sa vie.

« Je ne comprends pas pourquoi je suis encore célibataire. Je tombe en amour, je me fiance, certain d'avoir trouvé la femme idéale. Puis, lorsque nous commençons à faire des plans pour le futur, c'est là que tout s'écroule. L'amour est le seul domaine où je ne sais vraiment pas comment m'y prendre. Je ne comprends pas les femmes. Elles prétendent vouloir que je prenne soin d'elles, mais lorsque je prends les rênes, elles se plaignent que je me comporte en tyran plutôt qu'en amoureux. »

L'indépendance de Gregg avait ses côtés attrayants, mais il était clair qu'elle pouvait aussi tenir à distance une

femme à la recherche d'une relation intime. Gregg, perplexe, resta un moment sans rien dire. Il se pencha pour
donner une petite caresse à Lorelei qui était assise tout
près. Je profitai de cette pause pour lui suggérer d'explorer
ses relations familiales. Mais Gregg se mit plutôt à analyser
les défauts des femmes avec lesquelles il s'était lié, et ce
qu'il aurait dû faire autrement. Visiblement, Gregg avait
trouvé une bonne formule dans son travail : il concevait un
plan, en assumait la responsabilité, prenait les décisions et
ne comptait que sur ses propres ressources pour le réaliser.
Mais cette formule ne marchait pas en amour. Sa carapace
d'indépendance tenait ses amies à l'écart et ne permettait ni
à Lorelei ni à moi-même d'interrompre l'ordre du jour strict
qu'il avait établi pour sa thérapie.

Quelques semaines plus tard, Gregg commença à
s'ouvrir et à me parler de sa famille. Ses parents s'étaient
séparés lorsqu'il avait douze ans et il était allé habiter chez
son père. Tous deux avaient appris à se débrouiller seuls.
En fait, ils avaient tellement bien réussi à acquérir cette
indépendance que Gregg avait oublié ce que c'était que
d'avoir quelqu'un qui s'occupe de lui. Un jour, Gregg me
parla de ses jeunes années, avant le divorce de ses parents.
Au fur et à mesure qu'il se remémorait le passé, des sentiments de perte se mirent à émerger. Il laissa sa tendresse et
sa vulnérabilité refaire surface et se permit enfin de ressentir la tristesse qu'il avait toujours refoulée. La présence de
Lorelei lui fut d'un grand soutien. Tout en la caressant doucement, il lui confia combien la chaleur et l'amour de sa
mère lui manquaient. Il laissa même couler quelques larmes. À l'aide d'exercices de psychodrame en compagnie de
Lorelei, il put revivre plusieurs moments de tendresse de
son enfance. Les expériences vécues dans son enfance et
son « indépendance » une fois devenu adulte l'avaient
poussé à refouler ses sentiments de vulnérabilité et de
confiance ainsi que son besoin d'interdépendance, le pri-
vant ainsi d'une relation intime pleinement satisfaisante.

Quelques mois plus tard, Gregg reprit contact avec sa dernière fiancée et, ensemble, ils travaillèrent à bâtir une nouvelle relation. Gregg se concentra tout particulièrement sur la profondeur de son engagement et, en fin de compte, ils se marièrent.

Un rapport amoureux pleinement satisfaisant ne se résume pas à un bon match de tennis ou à une escapade romantique au cours d'un week-end. Nous devons faire de la place pour les soins et les attentions qui permettront à l'amour de s'épanouir. La confiance en la stabilité d'une union peut mettre beaucoup de temps à se développer, surtout si nos parents se sont séparés ou ont divorcé quand nous étions en bas âge. Mais avec l'aide de notre animal thérapeute, les déceptions de notre enfance enfouies au plus profond de nous-mêmes peuvent être surmontées, et une nouvelle base d'amour peut s'établir.

Marlene et Gregg se servirent de mes animaux thérapeutes pour ranimer le feu de leurs premières amours. Le fait de caresser un animal affectueux peut nous mettre immédiatement en contact avec nos émotions. Pour accepter notre besoin d'affection, il est essentiel que nous fassions l'expérience de notre tendresse et de notre vulnérabilité. Cela nous remet en contact avec les facettes plus douces de notre personnalité et nous prépare à vivre une relation amoureuse satisfaisante.

Exercice n° 6 : Accepter son besoin d'affection

Vous pouvez trouver chez votre animal un thérapeute attentionné, le même contact positif et le même soutien que mes animaux ont offert à Marlene et à Gregg. Voici un exercice à faire à la maison, qui vous rappellera les moments de tendresse vécus avec vos parents et vous fera revivre la douce vulnérabilité de votre enfance.

1. Accordez-vous quelques moments de tranquillité et assurez-vous de ne pas vous faire déranger. Asseyez-vous par terre ou sur le divan avec votre animal.

2. Caressez-le doucement et respirez profondément.

3. Laissez remonter des moments de tendresse vécus avec un de vos parents, ou avec les deux. Rappelez-vous comme vous comptiez à leurs yeux et combien ils vous aimaient. Peut-être vous souviendrez-vous du moment magique où ils vous bordaient, le soir, et vous embrassaient en vous souhaitant bonne nuit. Ou du plaisir ressenti lorsqu'ils vous poussaient vigoureusement sur votre balançoire préférée. Ou encore de la joie que vous avez vue dans leurs yeux lorsqu'à Noël ou à votre anniversaire, ils vous ont regardé déballer le cadeau de vos rêves. Vous sentiez alors combien vos parents vous aimaient et tenaient à vous.

4. Remémorez-vous maintenant d'autres moments de tendresse tout en continuant de caresser votre animal et de sentir sa chaleur. Fermez les yeux et prenez quelques minutes pour vous imprégner de ces douces sensations. Lorsque vous ouvrirez les yeux, vous les ressentirez toujours.

Votre animal thérapeute vous a remis en contact avec les images et les impressions qui ont bercé votre enfance. Parmi ces messages positifs, certains ont peut-être été oubliés dans vos efforts pour affirmer votre libération de la tutelle parentale. Vous venez de prendre conscience de votre capacité d'aimer et êtes maintenant prêt à intégrer ces facettes tendres et vulnérables de vous-même dans votre vie d'adulte.

Faites cet exercice en présence de votre animal thérapeute chaque fois que vous en sentirez le besoin. Plus vous le pratiquerez, plus il deviendra facile. Avec l'aide de votre animal, vous créerez une ouverture grâce à laquelle vous pourrez accueillir l'amour qui vous tend les bras.

DÉMASQUER SA PEUR DE L'INTIMITÉ

Tout le monde compte parmi ses connaissances un bel homme ou une belle femme qui n'est jamais en mal d'aventures amoureuses mais qui ne tombe jamais en amour. Cette personne aux allures désinvoltes traite généralement son partenaire comme s'il était son adversaire sur un court de tennis. Elle ne voit pas les autres tels qu'ils sont véritablement, mais les perçoit au travers de la lentille déformante de ses souvenirs d'enfance. Elle opère en pilotage automatique et est souvent prise dans un conflit de longue date avec un de ses parents. Elle passe sa vie à entretenir, à son détriment, ce rapport familial non résolu.

Perpétuer de vieux scénarios

Une de mes patientes, nommée Caroline, n'arrivait pas à se défaire d'un scénario désuet. Âgée de quarante-quatre ans, elle était divorcée ; elle avait réussi en affaires, mais ses déceptions amoureuses l'avaient amenée à craindre l'intimité. Sa persévérance et son talent l'avaient hissée dans un poste de cadre supérieur au sein d'une importante agence de publicité. Elle avait des clients de prestige et ses campagnes publicitaires créatives lui avaient assuré la réussite financière et le respect de ses pairs. Par ailleurs, elle essuyait échec sur échec dans sa vie amoureuse. Sa carrière florissait tandis que ses amours piquaient du nez. Découragée et dégoûtée par sa dernière relation, Caroline entreprit une thérapie.

« Quand j'ai rencontré Peter, je pensais avoir enfin trouvé l'homme idéal. Je suis prête à avoir un homme dans ma vie maintenant que mon fils Éric va partir pour l'université à l'automne. Je ne pense pas vouloir me remarier, mais j'aimerais avoir un compagnon lorsque je rentre le soir à la maison. Mes journées sont si chargées que j'ai besoin d'un homme qui me serre dans ses bras et me ramène à la réalité.

Peter est intelligent et sensible. Tout allait bien au départ, puis il s'est mis à rivaliser avec moi quand il a appris combien je gagne. Nous avons fini par nous quereller pour des vétilles. C'est toujours la même histoire. Au tout début d'une relation, l'homme me trouve fascinante et ne peut se passer de moi. Puis, ou bien je me lasse de la relation, ou bien il commence à trouver mon travail trop menaçant pour son ego. J'ai peur de vieillir seule. »

Caroline fondit en larmes en se remémorant ses amères déceptions amoureuses. Quand elle l'entendit sangloter, Lorelei s'approcha d'elle. Caroline se pencha pour la caresser et se remit à pleurer de plus belle. Cela faisait longtemps qu'elle n'avait pas donné libre cours à ses vrais sentiments. Je sentais qu'elle était maintenant prête à examiner sa part de responsabilité dans l'échec de ces relations.

Au cours des séances suivantes, Caroline me parla de son enfance et de son père alcoolique dont l'humeur changeante faisait de lui tantôt un homme attentionné et affectueux, tantôt un despote critique et exigeant. Sa mère éludait la situation en s'affairant à son entreprise de design, laissant Caroline à la maison pour apaiser son père rempli d'amertume et de confusion. Caroline put enfin exprimer la rancœur et l'impuissance qu'elle avait éprouvées enfant, ne sachant jamais dans quel état d'esprit elle allait trouver son père. Elle rejoua certaines scènes de son enfance en imaginant que Lorelei était son père. Elle put ainsi enfin exprimer ses sentiments à propos de sa jeunesse difficile. Après l'orage, elle se mit à parler calmement à Lorelei de la tristesse qu'elle éprouvait, mais qu'elle n'avait jamais réussi à confier à son père.

Caroline avait refoulé ses déceptions et sa rancœur pendant de nombreuses années. Plusieurs fois au cours de sa vie, elle avait tenté de nouer des relations amoureuses, mais à chaque fois, elle avait inconsciemment trouvé le moyen de saboter l'union, voyant en son partenaire non pas un

amoureux, mais son père. Avec l'aide de son animal thérapeute, elle put reconnaître ce vieux scénario sans cesse
répété, surmonter sa douleur et se dégager de sa déception
à propos de son père.

Un animal affectueux et indulgent peut nous aider à dis-
poser des vieux schémas et nous ouvrir de nouveaux horizons. Il ne prend pas part au conflit familial, mais nous
accepte et nous soutient sans conditions. En particulier, il
peut nous aider à mettre le doigt sur un problème occulté.
Le psychodrame auquel nous nous adonnons avec lui peut
contribuer à résoudre celui-ci en nous faisant revivre des
expériences pénibles qui ont laissé leurs traces. Voici un
exercice que vous pourrez faire en compagnie de votre animal. Il vous permettra de déchiffrer vos vieux scénarios
familiaux, de vous libérer de votre ressentiment envers vos
parents et de vous mettre à vivre sans idées préconçues.

Exercice nº 7 : Se libérer d'un vieux scénario

*1. Asseyez-vous dans un endroit tranquille en compagnie de votre
animal. Fermez les yeux et respirez profondément.*

*2. Flattez votre animal tout doucement et imaginez-vous que
votre père ou votre mère est assis là, à vos côtés.*

*3. Rappelez-vous une déception particulièrement amère que vous
avez essuyée au cours de votre vie : un besoin dont on n'a pas tenu
compte, un événement douloureux dont vous tenez votre parent
responsable. Peut-être avez-vous toujours voulu lui exprimer ce
que vous ressentiez, mais n'en avez pas eu le courage. Sentez la
présence chaleureuse de votre animal.*

*4. Exprimez maintenant de vive voix ce que vous ressentez
depuis longtemps, mais n'avez jamais osé dire. Tout en caressant
votre animal, laissez votre rancœur et votre douleur se manifester.*

(Si vous éprouvez de la colère, il serait préférable de vous détourner de votre animal momentanément. Serrez les poings et cognez.)

5.   *Lorsque vous aurez exprimé ce souvenir par la parole et l'émotion, ouvrez les yeux et caressez de nouveau votre animal.*

6.   *Imaginez maintenant que votre animal est le parent que vous venez d'affronter. Que vous dirait ce parent s'il pouvait vous présenter sa version des faits ? Peut-être n'était-il pas conscient de votre besoin, ou peut-être ne pouvait-il pas y répondre, étant lui-même en proie à des difficultés émotionnelles.*

7.   *Revivez votre déception et voyez si vos sentiments ont changé. Caressez votre animal thérapeute et acceptez son soutien et son affection. Demandez-vous si vous êtes prêt à pardonner à ce parent pour ce qu'il a omis de vous donner. Continuez à caresser votre animal et savourez l'apaisement que vous procure la résolution (même incomplète) de ce vieux conflit. Vous venez de comprendre qu'il n'est plus nécessaire de vous battre.*

Peut-être vous faudra-t-il répéter cet exercice à plusieurs reprises si la douleur est enfouie profondément. Soyez patient avec vous-même. Si vous avez un problème que vous n'avez pu résoudre avec votre autre parent, refaites l'exercice à une autre occasion et laissez vos sentiments vous guider vers sa résolution.

COMMENT VAINCRE LA SOLITUDE EN NOUANT DE NOUVEAUX LIENS AVEC AUTRUI

De nombreuses personnes de la génération du *baby boom* se plaignent de leur difficulté à faire de nouvelles rencontres. Ceux qui habitent une grande ville, surtout s'ils y sont depuis peu, ont du mal à se faire de nouveaux amis.

Les cafés, les bars et les agences de rencontres peuvent donner aux femmes comme aux hommes le sentiment d'être de la marchandise à l'étalage. Une étude démographique récente montre qu'il y a considérablement moins d'hommes que de femmes disponibles aux États-Unis. Il n'est donc pas étonnant que les célibataires se plaignent de la solitude !

Il y a bien entendu une différence entre la solitude que l'on choisit et celle que l'on subit. Par moments, nous aimons passer du temps seuls, de vieux vêtements sur le dos, une tasse de thé à la main, enfoncés dans le canapé avec un bon livre, avec notre chat ou notre chien à nos pieds. À d'autres moments, la solitude nous pèse et nous avons besoin de compagnie. Nous avons soif d'émotions, d'amour et d'une soirée excitante avec quelqu'un qui nous apprécie.

Si cette envie nous prend un jour où nous n'avons pas de projets précis en vue, nous aurons peut-être tendance à nous apitoyer sur notre sort et à désespérer. Ce sentiment peut éventuellement dégénérer en inhibition (« Si je suis seul, tout le monde pensera que je suis un indésirable ») et saper notre estime de nous-mêmes (« De toute façon, ce que j'ai à dire n'intéresserait personne »). C'est le moment de chercher, auprès de notre animal thérapeute, l'inspiration nécessaire pour surmonter ce barrage de solitude.

Comment votre animal peut vous aider à vaincre la solitude

Je rencontre dans mon cabinet de nombreuses personnes célibataires ou divorcées, qui réussissent dans leur travail, mais qui se sentent déconcertées et découragées de ne pouvoir rencontrer le partenaire idéal.

C'est pour un problème de cette nature qu'Élizabeth vint me consulter. Elle était âgée de vingt-six ans et faisait de la recherche cinématographique. Au tout début de sa thérapie, elle me confia que sa grande timidité la faisait souffrir. Écrivaine de talent, elle arrivait à exprimer ses sentiments plus facilement avec sa plume. Sa solitude lui pesait et elle voulait surmonter ses craintes de s'engager dans une relation intime. « Je crois que je me cache derrière mes livres et mon écriture. C'est moins risqué. Je me sens mal à l'aise lorsque je suis en société. Je suis sûre que ma rigidité fait fuir les hommes. Si seulement j'arrivais à me détendre et à les encourager ! »

J'appris par la suite qu'Élizabeth était enfant unique et avait passé, au cours de ses jeunes années, plus de temps à lire qu'à jouer avec d'autres enfants. Un de ses passe-temps préférés était de monter des pièces de théâtre avec son épagneule, Veronica. Le jeu consistait à incarner différents personnages de la littérature et de l'histoire. Élizabeth jouait le rôle du Prince Albert ou de Juliette, tandis que Veronica prenait de bon cœur le rôle de la reine ou de Roméo. Les fantasmes romantiques avaient occupé une bonne partie de son enfance. Au cours des premiers mois de sa thérapie, elle prit conscience de la nécessité d'accepter la réalité. La deuxième année, elle commença à trouver un équilibre entre ses fantasmes et la réalité. De plus, la force intérieure nouvellement acquise l'amena à reconnaître son besoin de vivre une vraie relation amoureuse. Elle était maintenant prête à plonger et à apprendre à nouer des liens avec les hommes.

Lars n'avait lui non plus aucun mal à réaliser ses ambitions professionnelles, mais avait besoin d'aide sur le plan personnel. Il devait avant tout apprendre à faire confiance à sa capacité d'entrer en contact avec les femmes. À l'âge de vingt-huit ans, il avait quitté la Norvège pour venir faire une maîtrise en administration dans une célèbre université américaine. Il était intelligent et séduisant, mais avait peur d'affronter les femmes dans son pays d'adoption. « Je ne sais pas comment m'y prendre. Chez moi, j'avais beaucoup d'amies. Je n'avais pas ce problème. Mais les Américaines sont différentes. Je ne sais pas comment faire une bonne impression. »

Lars était trop exigeant envers lui-même lorsqu'il était en société, ce qui le faisait paraître mal à l'aise. Je décidai de présenter Lars à ma chienne Lorelei et lui suggérai de s'exercer avec elle à faire les premiers pas. Comme Lars était très nerveux à l'idée de faire une gaffe en présence d'une nouvelle connaissance, je l'invitai à exagérer intentionnellement ses propos et à se présenter sous les visages les plus insensés et les plus embarrassants possible. Lorelei se transforma en un vrai mime romantique répondant avec enthousiasme à tous ses propos. Elle permit ainsi à Lars de se détendre et de voir d'un autre œil ses tentatives pour entamer la conversation. Grâce à quelques conseils de ma part, à l'indulgence et au soutien affectueux de Lorelei ainsi qu'à une auto-évaluation sincère, Lars a appris à s'accepter un peu plus et à se montrer moins sévère envers lui-même. Malgré ces progrès importants, il avait encore du mal à faire de nouvelles rencontres.

La thérapie avait aidé Élizabeth et Lars à se sentir mieux dans leur peau. Ils avaient acquis une confiance et une estime d'eux-mêmes dont ils avaient grand besoin, mais ils devaient continuer à s'exercer à entrer en contact avec les gens. J'introduisis un exercice appelé *«Comment faire des rencontres grâce à son animal de compagnie»*. Cet exercice comprend plusieurs étapes visant à améliorer l'entregent et les résultats sont presque immédiats.

Élizabeth s'acheta un jeune golden retriever et l'emmena dans une école de dressage. Forte de sa nouvelle maîtrise d'elle-même, elle aborda un homme qui participait au même cours, oubliant du même coup toutes ses inhibitions passées. Ils commencèrent bientôt à se fréquenter et aux dernières nouvelles, l'homme et son chien étaient tous deux allés habiter chez Élizabeth. Lars, de son côté, ne pouvait prendre un animal à sa charge ; il empruntait donc Lorelei le dimanche et l'emmenait se promener sur le campus afin de s'exercer à faire des rencontres. Au tout début, ses promenades ne duraient qu'une demi-heure. Il eut du mal à faire cet exercice jusqu'au jour où je lui rappelai de se détendre, de se montrer sûr de lui et plus abordable. Peu à peu ses promenades s'allongèrent, puis un jour, il revint tout heureux à la perspective d'un prochain rendez-vous avec une femme qu'il venait de rencontrer.

Les chiens possèdent des qualités particulières qui attirent les gens. Certains chats peuvent aussi apprendre à se promener en laisse, ce qui ne manque jamais d'attirer l'attention des passants. Les personnes qui promènent leur chien ou leur chat ont l'air cordiales et sûres d'elles-mêmes, et les timides se sentent plus en confiance en compagnie de leur animal thérapeute.

Exercice nº 8 : Comment faire des rencontres grâce à son animal de compagnie

1. Laissez votre chien vous conduire vers une personne que vous trouvez attirante. Si quelqu'un vous aborde entre-temps, ne froncez pas les sourcils et ne soyez pas impatient. Voyez plutôt cette amicale intrusion comme une occasion de faire une nouvelle connaissance.

2. Prenez l'habitude de vous promener dans le parc. Si vous n'avez pas d'animal, n'hésitez pas à admirer les animaux des personnes qui retiennent votre attention. Posez-leur des questions au sujet de leur animal et n'oubliez pas de retenir son nom. La prochaine fois que vous verrez l'animal et son maître, saluez-les tous les deux. N'oubliez pas de sourire à l'animal. (Les animaux ont la mémoire des sourires.)

3. *N'oubliez pas d'emmener votre chien avec vous aux exposi-tions, aux centres commerciaux ou aux marchés aux puces. Il y a de grandes chances que quelqu'un vous adresse la parole.*

4. *Surveillez dans les journaux les dates des prochaines exposi-tions de chiens ou de chats dans votre région. Assistez à l'une d'elles et essayez de trouver une personne seule en compagnie de son ani-mal. Posez-lui des questions au sujet de son chien ou de son chat et demandez-lui la permission de prendre une photo. Notez son numéro de téléphone pour pouvoir communiquer avec elle lorsque la photo sera développée.*

5. *Pensez à la possibilité d'adopter un chien. Si vous décidez de le faire, emmenez-le suivre un cours de dressage. Abordez le proprié-taire qui vous attire le plus et posez-lui une foule de questions au sujet de son chien. Parlez de l'élevage de vos chiens ou de vos pro-grès en matière de dressage.*

6. *Ne vous en faites pas si vous n'êtes pas en mesure d'avoir un animal à la maison. Ne manquez cependant pas de passer à la SPCA ou dans une animalerie du quartier. Les amateurs d'ani-maux y abondent.*

Les activités proposées dans cet exercice constituent un moyen amusant et efficace de vous exercer à entrer en contact avec les gens. Ces premiers pas vous aideront à acquérir de l'assurance. Tout cela vous semblera bientôt naturel et vous vous mettrez à développer vos propres méthodes d'approche. Puis un jour, vous vous abandonnerez à une relation des plus satisfaisantes.

COMMENT TROUVER
LE BON PARTENAIRE

Comment faire le bon choix ? Comment éviter les aventures amoureuses blessantes ? Comment survivre au rejet ? Voilà autant de défis auxquels sont confrontés les personnes seules à la recherche d'une relation durable. Nous éprouvons tous un besoin naturel d'aimer : nous souhaitons tous retrouver quelqu'un qui nous attend le soir, après une journée de travail éreintante ; nous voulons partager nos joies et nos peines avec l'être aimé. Nos week-ends et nos vacances sont d'autant plus agréables que nous les passons avec la personne que nous aimons. Mais les personnes seules ont souvent du mal à développer leurs relations amoureuses au-delà du premier rendez-vous excitant et prometteur. Quel est le secret qui permet de dépasser l'amour passion du début et de bâtir une relation durable ?

Ne prenez pas de raccourcis
pour trouver votre partenaire

Malheureusement, le chemin qui mène du premier rendez-vous à une union stable est parsemé d'embûches. Les personnes seules ont souvent un piètre sentiment de leur valeur. Il arrive souvent aussi qu'elles s'attachent pendant plusieurs années à la mauvaise personne et passent de nombreuses années avec une personne qui, bien qu'intéressante, n'est pas prête à s'engager. Plusieurs gardent un souvenir amer de leurs échecs amoureux et craignent d'être rejetés. Il se peut également qu'ils se trouvent indignes d'être aimés et doutent de leur compétence sexuelle. Ce sentiment de vulnérabilité et cette peur de la perte les poussent souvent à aller au-devant des désirs de la personne nouvellement rencontrée plutôt que de laisser le rapport se développer naturellement.

Nous rêvons souvent du coup de foudre, oubliant qu'une union précipitée ne nous offre jamais le résultat escompté. Nous risquons aussi d'entretenir une illusion tout aussi dangereuse qui nous amène à penser qu'en vertu de notre amour, nous devenons semblables l'un à l'autre. Si nous craignons de nous montrer tels que nous sommes, nous ne reconnaîtrons jamais la contribution unique que nous pouvons apporter à la relation; nous n'oserons jamais afficher nos différences!

Le développement d'une relation amoureuse requiert du temps et de la persévérance. Il n'y a pas de raccourcis! Il faut de la patience pour explorer le terrain partagé avec votre nouveau partenaire. Vous pouvez et vous devez tirer la leçon de vos erreurs passées et de vos choix malheureux. En y mettant du sien, il est possible d'éviter l'illusion de l'amour instantané et d'apprendre à ne pas laisser l'excitation du début idéaliser la personne qui se présente sur votre route. Pour cela, vous devez bien vous connaître et être à l'écoute de vos propres besoins. Autrement dit, vous devez faire confiance au « je » avant de pouvoir faire confiance au « nous ».

Il est tout naturel de rechercher le partenaire qui convienne. Malheureusement, nous devons souvent vivre plusieurs unions disharmonieuses avant de trouver la bonne. Si nous ignorons nos propres besoins et sommes incapables de voir notre partenaire tel qu'il est, nous courons de liaison en liaison à la poursuite d'un idéal qui n'existe pas. Nombreux sont ceux qui ont tendance à s'attacher à la mauvaise personne. Certains veulent un partenaire excitant et stimulant alors qu'ils ont, en fait, besoin d'un partenaire généreux, stable, qui n'a pas peur de s'engager. D'autres resteront avec un partenaire sécurisant, mais auprès de qui ils ne peuvent évoluer. J'ai reçu de nombreuses personnes qui s'étaient éprises d'un idéal; lorsqu'elles ont pris conscience de la réalité, elles ont dû affronter la douleur et la déception.

Prendre le temps d'évaluer ses comportements amoureux

Votre animal peut vous apporter son soutien au moment où vous évaluez votre choix d'un partenaire et tentez de consolider votre relation. Il vous aidera à surmonter avec votre nouveau partenaire les épreuves propres à toute nouvelle relation. Par exemple, si vous ne recevez pas le coup de fil attendu, il se peut que vous commenciez à douter de vos attraits. Vous pouvez alors vous tourner vers votre animal thérapeute afin de réaffirmer vos besoins et vos objectifs. Votre animal sera aussi à vos côtés si la relation éclate. L'amour qu'il vous porte sera un rappel constant de votre valeur.

Nancy s'efforçait en vain de vivre une relation amoureuse durable. Au cours des dernières années, elle avait mis à profit ses talents artistiques en montant une entreprise de design de mode. Son travail comblait ses besoins créatifs et financiers, mais toute autre activité était reléguée au second plan, y compris sa vie amoureuse. Elle passait ses journées à entretenir de bonnes relations avec sa clientèle, à s'occuper de la comptabilité de l'entreprise et à participer aux présentations de collections dans les grands centres. Sa dernière union avait pris fin un an auparavant. Son amour du travail ne l'empêchait pas de souhaiter ardemment une relation durable. Préoccupée également par l'approche de la quarantaine, Nancy vint me consulter.

«Cela fait si longtemps que je ne suis pas sortie avec un homme, je crois bien que j'ai oublié comment m'y prendre», lança Nancy, tout en vérifiant si son chemisier était bien mis sous son tailleur. Elle était parfaitement coiffée, ses ongles étaient vernis impeccablement et son maquillage irréprochable. «J'ai passé trois ans avec un homme marié, certaine qu'il allait divorcer. En fin de compte, j'ai bien vu qu'il ne le ferait jamais. Il y a de cela un an. Quand j'étais jeune, c'était si facile ; il y avait toujours un homme aux alentours qui me plaisait. Puis, lorsque j'ai commencé à monter mon entreprise, je me suis entièrement consacrée à mon travail. J'ai eu plein de petits amis ; mais je les prenais pour acquis et je les ai perdus un à un. La plupart d'entre eux sont maintenant mariés. Dorénavant, je souhaite vraiment me marier moi aussi. Mais quoi faire ? Par quel bout commener ? »

Au début de sa thérapie, Nancy examina la liste de relations sans lendemains qu'elle avait vécues. Au cours des dix années qui venaient de s'écouler, elle avait immanquablement choisi des hommes dynamiques et prospères. Pas un seul d'entre eux n'avait demandé sa main. Se cachant derrière son masque de femme d'affaires, elle avait passé son temps à flirter avec eux et à leur poser des défis, mais n'avait jamais révélé son côté sérieux ou tendre. Pour Nancy, l'amour n'avait été qu'un passe-temps.

Nous nous sommes alors penchées sur l'union de ses parents. La mère de Nancy n'avait jamais été heureuse en mariage et voulait que sa fille évite de tomber dans le même piège. Par conséquent, sa famille – et surtout sa mère – avait encouragé son indépendance et son esprit de compétition au détriment de son côté tendre et vulnérable. Ils lui avaient appris à devenir indépendante financièrement, mais ne l'avaient pas incitée à mener une vie stable et à fonder une famille.

Pendant que Nancy réévaluait ses anciennes relations amoureuses, mon chat Clancy se tint à ses côtés, plein d'affection et de compassion. Nancy retira ses chaussures et se blottit dans le canapé avec Clancy. Elle laissa tomber son masque de femme d'affaires et se mit à exprimer sa tendresse et sa vulnérabilité. Des émotions pénibles l'envahirent pendant qu'elle prenait conscience des erreurs commises dans ses relations amoureuses passées. Clancy était toujours là, attentif, l'encourageant par ses câlins et son ronron. Nancy décida alors d'acheter un chat persan qu'elle appela Salomé. Elle passa de longs moments chez elle à lui confier son besoin d'amour. Grâce à ses conversations avec Salomé et à ses séances de thérapie, Nancy se rendit compte qu'elle n'était pas seulement une femme d'affaires mais qu'elle avait également un côté vulnérable. Elle comprit aussi qu'elle était une personne à part entière et n'avait ni à satisfaire les désirs de sa mère ni à répéter les erreurs du passé. En outre, elle s'aperçut qu'elle avait développé un mécanisme de défense contre l'échec affectif en faisant passer son travail avant ses amours. Lorsqu'elle apprit enfin à distinguer ses propres besoins de ceux de sa mère et à réexaminer la façon dont elle choisissait ses amants, elle put enfin vivre une relation amoureuse pleinement satisfaisante.

Être soi-même

Don, âgé de trente-quatre ans, était lui aussi déprimé et découragé de son inaptitude à vivre un amour durable. Il avait toujours échoué en amour parce qu'il refusait de montrer à ses partenaires qu'il pouvait être indépendant. Il vint me consulter après que sa deuxième femme l'eut quitté. Les femmes de sa vie étaient toutes deux intelligentes, ouvertes, et avaient bien réussi. Les deux mariages avaient bien débuté mais avaient dégénéré en querelles épouvantables qui avaient amené l'une et l'autre à partir en claquant la porte. Don avait cru à tort qu'il pouvait vivre sa vie à l'ombre de ses épouses entreprenantes; ainsi, il ne s'était jamais donné la peine de trouver sa propre voie. Don avait été séduit par leur assurance. Cependant, les fortes personnalités de ces deux femmes n'avaient fait qu'accroître sa propension à la dépendance et à la passivité.

« Je ne sais pas ce que je recherche chez une femme. Je crois qu'il me faut apprendre à me connaître. Chaque fois que j'ai rencontré une femme qui me plaisait, je me suis aussitôt lancé dans une relation sérieuse. Puis, je devenais dépendant d'elles, toujours soucieux de satisfaire leurs désirs, de connaître leurs humeurs et de savoir ce qui, dans mon comportement, les avait contrariées. Je pensais que si je pouvais les comprendre, elles verraient à répondre à mes besoins. J'ai passé bien trop de temps à essayer de deviner leurs humeurs. Je pense que c'est ce comportement qui me permettait d'obtenir l'attention de ma mère. »

Don s'était marié dès sa sortie de l'université. Il n'avait donc jamais appris à se connaître et à développer le discernement en amour. Je lui fis faire des exercices avec Delilah dans lesquels il devait décrire et jouer les efforts qu'il avait déployés au cours des années pour satisfaire et sa mère et ses ex-épouses. Il y eut des moments de colère mais aussi des éclats de rire au moment où il mima les scènes de son passé en compagnie de Delilah. En se concentrant sur son passé, il put prendre du recul afin d'examiner ses émotions et prendre conscience de ses besoins. Il se mit à fréquenter des femmes différentes et se rendit compte qu'il lui fallait apprendre à distinguer ses désirs des leurs. Avec l'aide de Delilah, Don apprit à prendre contact avec lui-même et à se réaliser. Il se mit à apprécier sa profession d'enseignant, ses passe-temps et ses valeurs. Depuis qu'il avait atteint l'âge de fréquenter, Don n'avait jamais réussi à se comprendre ni à comprendre les femmes auxquelles il s'était lié. Il les avait toutes perçues à travers l'écran de ce qu'il percevait comme ses besoins affectifs. Lorsqu'elles ne satisfaisaient pas ces besoins, il se trouvait désarmé et faisait appel à leur instinct maternel. Il avait réussi à se convaincre qu'il était moins capable qu'elles et s'était toujours jugé par rapport aux qualités supérieures qu'il voyait en elles. En fin de compte, il avait perdu le sens de son identité de même que les femmes qu'il aimait. Fort heureusement, Don prit conscience qu'il pourrait changer ses perceptions et son comportement affectif grâce à une thérapie et à son animal thérapeute. Il continua de rencontrer des femmes à l'occasion tout en apprenant à se connaître et à apprécier ses amies pour ce qu'elles étaient véritablement.

Apprendre à reconnaître vos comportements autodestructeurs

Certaines personnes choisissent immanquablement le mauvais partenaire. Elles sont souvent en amour avec l'amour et ont une vision irréaliste du partenaire idéal. Cela est généralement dû à des comportements développés au cours de leur enfance ou même à un incident survenu en bas âge. La quête du conjoint parfait est inévitablement vouée à l'échec. Le comportement infructueux doit être reconnu, maîtrisé et remplacé par des attentes réalistes. Le prochain exercice vous aidera à vous sortir de l'ornière des relations négatives.

Exercice n° 9: Comment faire le bilan de ses relations amoureuses

J'ai pu constater, dans le cadre de mon travail, que dans un couple, celui qui rompt est tout aussi perturbé par la séparation que son partenaire. Si vous êtes celui qui a décidé de partir, il se peut que vous vous sentiez responsable, coupable et angoissé quant à l'avenir. Peut-être remettez-vous aussi votre décision en question. Si c'est vous qui avez été laissé en plan, il se peut que vous vous sentiez trahi, abandonné et peu désirable. Lorsqu'une relation prend fin, vous pouvez soit vous laisser prendre dans l'engrenage de la culpabilité, soit profiter de l'occasion pour examiner votre passé affectif. Servez-vous du bilan qui suit pour découvrir le dénominateur commun dans vos choix affectifs et pour assumer votre part de responsabilité dans vos échecs amoureux. Il se peut que vous réalisiez que vos attentes sont tout à fait irréalistes. En vous prêtant une oreille attentive, votre animal pourra vous aider à reconnaître les schémas de comportement que vous répétez depuis des années et à saisir ce qui se passe réellement dans votre vie. Cet inventaire de vos relations intimes vous aidera à vous réorienter et à faire des choix plus personnels à l'avenir. Cet exercice se fait avec ou sans animal ; cependant, il est généralement plus facile de progresser dans la compréhension de soi en travaillant avec un animal. Bien entendu, il n'est pas le seul être qui puisse vous écouter. Vos amis et votre famille peuvent également vous épauler. Mais l'avantage d'un animal est qu'il est toujours présent et plein d'affection, qu'il ne vous donne jamais de mauvais conseils et ne vous juge jamais.

1. Blottissez-vous dans un endroit confortable en compagnie de votre animal et faites une liste de toutes les relations que vous avez eues au cours des dernières années. Au-dessous de chaque nom, répondez aux questions suivantes : Qu'est-ce qui vous a attiré chez cette personne ? Quels étaient vos besoins fondamentaux et comment les avez-vous communiqués à votre partenaire ? Existe-t-il des points communs entre les partenaires que vous avez choisis ? Qu'est-ce qui vous a dérangé le plus chez eux ? Comment cela a-t-il tourné au vinaigre ? Que cherchiez-vous ? Pensiez-vous que vous alliez acquérir, par osmose, son succès, son assurance, son ambition ou sa détermination ?

2. Choisissez la relation qui suscite encore en vous les émotions les plus intenses. L'intensité de vos émotions prouve qu'il y a des sentiments et des paroles que vous retenez au fond de vous-même. Imaginez que votre animal thérapeute est cet ancien amour auquel vous êtes encore attaché. Respirez profondément et exprimez-lui le ressentiment que vous éprouvez encore face à la tournure des événements. Énoncez à voix haute les espoirs et les frustrations que vous n'aviez pas exprimés alors.

3. Imaginez quelle pourrait être sa réponse. Quel sentiment cela suscite-t-il en vous ? Peut-être éprouvez-vous de la tristesse en revivant cette vieille passion ? Ou peut-être réalisez-vous que vous aviez projeté vos aspirations sur ce partenaire, sans jamais vraiment le connaître ? Il se peut qu'une vague de déception vous envahisse et que vous finissiez par reconnaître que vos attentes n'étaient pas très réalistes dès le départ. Aimeriez-vous ajouter quelque chose pour compléter ce retour en arrière ? Prenez votre temps. Vous ressentirez peut-être le besoin de confier à cet ancien partenaire, la responsabilité que vous vous reconnaissez maintenant par rapport à ce qui s'est passé.

4. Lorsque vous vous sentirez prêt, essayez de dire un adieu symbolique à votre ancien amour. Cela ne sera peut-être que le début de vos adieux définitifs. S'il le faut, refaites cet exercice en compagnie de votre animal.

5. Serrez votre animal dans vos bras et félicitez-vous pour votre courage et votre honnêteté. Examinez votre bilan et voyez s'il est nécessaire de répéter cet exercice pour une autre liaison.

Cet exercice s'applique à toutes les relations non résolues. Il vous aidera à vous défaire des attentes irréalistes que vous entretenez d'une relation à l'autre. Il est beaucoup plus facile d'affronter nos rêves insensés et d'examiner nos responsabilités avec le soutien d'un animal thérapeute.

LES JOIES ET LES EXIGENCES D'UN ENGAGEMENT

Pour la plupart des gens, les fréquentations amoureuses visent à trouver un partenaire pour la vie. Quand une relation se poursuit, nous nous mettons à nous poser mille questions sur notre disposition à vivre un mariage ou une union libre. Mon expérience démontre qu'une des principales raisons qui amènent une personne en thérapie est de déterminer si elle est prête à s'engager dans une relation permanente. Comment savoir si vous aimez l'autre suffisamment pour vous engager? Comment savoir si vous êtes prêt à renoncer à votre espace personnel et à votre indépendance pour vivre à deux? Les individus qui envisagent de vivre ensemble craignent souvent de devenir dépendants et de perdre leur individualité.

La vie de couple demande à chaque partenaire d'évaluer le sentiment qu'il a de sa valeur et de son identité. Comment partager ce que vous avez si vous croyez ne pas en avoir assez pour vous-même? Vous devez vous assurer que vous serez en mesure de respecter vos limites et le sens de votre valeur. Vous devez vous assurer que vous connaissez vos besoins plutôt que d'attendre que votre partenaire les devine. Votre première responsabilité est de préserver le sentiment de votre valeur et de votre intégrité. Si votre estime de vous-même est chancelante, vous craindrez peut-être d'être englouti par les opinions, les émotions et le style de vie de votre partenaire. Il est essentiel d'avoir confiance en soi avant de pouvoir faire confiance à la personne que vous avez choisie pour partager votre vie.

Respecter vos différences

Les personnes qui envisagent de vivre à deux feront face à de nombreuses différences tant au niveau de leurs antécédents que de leurs expériences passées. Il peut y avoir entre elles des divergences d'opinions en matière de sexualité, d'argent, de liens avec la belle-famille, de travail, de loisirs, de tâches ménagères, d'enfants, d'objectifs et même d'animaux. Le respect de ces différences et la capacité d'en discuter ouvertement peuvent directement déterminer le succès ou l'échec d'une union. Ce ne sont pas tant les divergences d'opinions qui comptent, mais la façon dont nous les abordons.

Un de mes patients, nommé Jon, hésitait à se marier parce qu'il craignait d'avoir à affronter les différences entre lui et son amie. Il n'arrivait pas à voir *comment* franchir l'étape finale – le mariage. Son hésitation faillit lui coûter sa relation. Âgé de quarante-six ans, Jon était divorcé et propriétaire d'un restaurant. Il tenait particulièrement à sa partie de poker hebdomadaire et aux parties de pêche avec ses copains. Pendant son mariage, il avait délaissé ces passe-temps et s'était forcé à travailler de très longues heures afin de payer les frais d'école privée de ses enfants et de soutenir financièrement le studio d'enregistrement de sa femme. Ses parents lui avaient appris qu'un bon mari place toujours sa femme et ses enfants en premier. Jon n'avait pas appris à tailler sa propre place dans ce mariage. Après son divorce, il se mit à fréquenter Jeri, une femme fascinante qui était âgée de trente-deux ans et exerçait le métier de mannequin. Elle n'aimait pas les sports comme lui, mais l'amour que Jon éprouvait pour elle avait triomphé de presque tous ses doutes. Néanmoins, il craignait de se marier à cause de l'échec de sa dernière union.

« Et si on se marie et que ça tourne au vinaigre ? Et si je me retrouve esclave de ses besoins et perds les miens de vue ? Nous avons actuellement une relation fantastique, mais je ne veux surtout pas perdre ma nouvelle indépendance. Qu'est-ce qui arrive si je veux passer une semaine à la chasse et qu'elle n'est pas d'accord ? »

À l'entendre, je savais que Jon était amoureux. Mais était-il prêt pour le mariage ? Au cours des semaines qui suivirent, Jon me confia qu'il craignait d'exprimer ses besoins à sa partenaire, et qu'il pensait que leur amour ne pouvait pas concilier ses intérêts et ceux de Jeri. Je lui demandai d'examiner attentivement ce qu'il voulait partager avec elle et ce qu'ils pouvaient faire chacun de son côté. Je lui suggérai de faire le test suivant pour voir s'il était prêt à s'engager. D'après ses résultats, lui et Molesworth, son berger anglais, étaient prêts à vivre avec Jeri.

Le sentiment d'être pris au piège

Lorsqu'un des partenaires s'est déjà senti piégé par les exigences d'un engagement précédent, la perspective de s'engager de nouveau peut parfois réveiller en lui un vieux sentiment d'impuissance. Il se trouve alors en proie à l'hésitation. Avant de pouvoir s'engager dans une nouvelle relation, il doit revenir sur les expériences difficiles du passé afin de les comprendre et de voir comment il les a réprimées. Le psychodrame avec son animal thérapeute peut l'aider dans ce travail. (Voir l'exercice n° 7 : *Se libérer d'un vieux scénario.*)

Exercice n° 10 : Suis-je prêt à m'engager ?

Lorsque le dernier pas vers un engagement est franchi, le couple se retrouve souvent aux prises avec les résidus de relations passées non résolues. Les vieilles plaies doivent se cicatriser avant que le nouveau couple puisse s'engager en toute liberté. L'examen de votre niveau de confiance et de votre disposition à partager votre vie avec l'autre peut aider à prévoir dans une certaine mesure les joies et les difficultés futures. Ce test permet d'évaluer la capacité d'un couple à bâtir une relation durable. En examinant votre réaction face au rapport entre votre partenaire et votre animal, vous pourrez plus facilement déterminer si vous êtes prêt à vous engager pour la vie. Êtes-vous prêt à partager les joies et les responsabilités et à concilier les divergences ? Ce test constitue un moyen d'évaluer votre disposition à ouvrir votre porte à celui ou à celle que vous aimez.

Entourez d'un cercle le chiffre qui correspond le mieux à ce que vous ressentez pour chaque question :

D'ACCORD   *PAS D'ACCORD*

5   4   3   2   1

1. *Laisserais-je mon partenaire donner un os à mon chien ou de l'herbe à chat à mon chat pour moi?*

5   4   3   2   1

2. *Laisserais-je mon animal dormir sur son côté du lit?*

5   4   3   2   1

3. *Serais-je prêt à essayer ses méthodes de dressage même si elles étaient différentes des miennes?*

5   4   3   2   1

4. *Si quelqu'un exprime son admiration pour mon animal au cours d'une promenade, laisserais-je mon partenaire recevoir ces éloges?*

5   4   3   2   1

5. *Si je partais en vacances, tiendrais-je compte de son opinion concernant la garde de mon animal?*

5   4   3   2   1

6. *Si mon animal gagne une médaille dans un concours, laisserais-je mon partenaire la recevoir?*

5   4   3   2   1

7. *Si mon animal fait des dégâts dans notre maison, serais-je prêt à accepter sa façon de sévir même si celle-ci ne correspondait pas à la mienne?*

5   4   3   2   1

8. *Si nous divergions en matière de contraception ou d'accouplement pour mon animal, me montrerais-je ouvert à ses opinions?*

5   4   3   2   1

9. *Si mon animal tombe malade, tiendrais-je compte de ses opinions quant au traitement à donner?*

5   4   3   2   1

10. *Si mon partenaire désire adopter un autre animal, serais-je d'accord?*

5   4   3   2   1

Faites le total de vos points. Voici comment interpréter votre score.

50 – 42 points: *Vous êtes prêt à vous engager! Il semble que vous ayez un bon sens de votre individualité et que vous ayez confiance de pouvoir partager votre vie et votre animal sans perdre ce qui vous est cher.*

41 – 32 points: *Vous avez besoin d'en discuter un peu plus. Vous n'êtes pas loin d'avoir la confiance nécessaire pour vous engager, mais vous avez encore quelques problèmes non résolus. Examinez avec votre partenaire cette difficulté que vous avez à affirmer vos besoins et la façon dont vous pouvez la surmonter.*

31 points ou moins: *Il vaudrait mieux réévaluer votre décision. Ou bien vous avez choisi la mauvaise personne, ou bien vous avez trop de problèmes personnels non résolus. Prenez le* *temps de définir vos objectifs et d'examiner la manière dont vous avez tenté de les atteindre jusqu'à présent. Asseyez-vous avec votre animal thérapeute et reprenez les exercices décrits dans ce chapitre. Voyez ce que vous pouvez faire pour connaître vos besoins et comment vous vous y prendrez pour faire un choix judicieux à l'avenir.*

Ce test constitue un baromètre permettant de mesurer votre disposition à vous engager et peut vous encourager à parler ouvertement de vos différences et de vos peurs. Après tout, la capacité de partager son espace, ses amis et surtout son animal fait partie de l'adaptation à la vie de couple. Si les deux partenaires sont capables d'exprimer leurs divergences et de respecter les attitudes de l'autre, ils pourront jeter une base solide qui permettra de résoudre les conflits normaux de la vie à deux.

RÉSUMÉ

Nous fuyons souvent l'intimité de peur de perdre notre indépendance et notre individualité. Nos carrières professionnelles, où règne la compétition, et nos agendas surchargés peuvent masquer notre vulnérabilité et notre besoin d'amour. Les conflits non résolus avec nos parents nous emprisonnent parfois dans un scénario autodestructeur dans lequel l'intimité n'a pas sa place. Les célibataires et les personnes récemment divorcées luttent souvent contre la solitude et cherchent à lier connaissance avec d'autres personnes. Pour dépasser la première rencontre et développer une relation plus durable, il faut souvent réévaluer ses choix et réexaminer son comportement en matière de relations amoureuses.

Nos animaux peuvent nous accompagner tout au long du chemin qui mène vers une union heureuse et satisfaisante. Ils nous aident à reconnaître notre besoin d'intimité et nous épaulent afin que nous puissions nous ouvrir à cette expérience. Ils nous guident vers une relation amoureuse déterminante et facilitent l'éclosion de cette intimité. Nous pouvons recourir à eux pour évaluer notre disposition à prendre un engagement permanent. Par leur présence et leur indulgence, ils peuvent nous apprendre à jeter les fondations nécessaires d'une relation durable.

Nous allons maintenant voir comment nos animaux thérapeutes peuvent nous aider à développer notre confiance mutuelle et à communiquer quand nous tentons de résoudre les conflits inévitables qui surviennent dans la vie conjugale.

4

VOTRE ANIMAL PEUT VOUS AIDER À RÉSOUDRE VOS CONFLITS CONJUGAUX

Le mariage (ou, dans certains cas, l'union libre) semble revenir à la mode. De nos jours, 90 pour cent des Américains se marient au moins une fois. Six personnes divorcées sur sept se remarient au cours des trois années qui suivent leur séparation. Mais le mariage n'est plus ce qu'il était. Avec la hausse du niveau de scolarité et l'accroissement du temps consacré aux loisirs, les hommes et les femmes s'engagent aujourd'hui dans le mariage avec des attentes plus grandes, mais moins de temps à consacrer à leur vie de couple. Les responsabilités professionnelles des femmes exercent souvent de la pression sur leur propre vie et sur celle de leur mari. Des tensions surgissent à propos des finances, de l'emploi du temps, du partage des tâches, des réactions de jalousie, de la vie sexuelle et de la question fondamentale : « Devrions-nous avoir des enfants ? »

Les rapports conjugaux ont bien changé depuis l'époque où la patiente Pénélope attendit pendant dix longues années le retour d'Ulysse de la guerre de Troie. Par contre, le rêve d'une relation unique pour la vie reste inchangé depuis l'Antiquité grecque. Dans un de ses ouvrages[19], le psychologue Carl Rogers parle de la complexité des relations entre les hommes et les femmes d'aujourd'hui. Il y soutient qu'en dépit des exigences affectives croissantes des couples contemporains, il y a de bonnes chances que les mariages s'enrichissent et se solidifient. Certes, développer un lien durable qui, en même temps, permette à chacun d'évoluer individuellement au sein de la relation, n'est pas une mince tâche. Ceux dont l'union perdure doivent faire preuve de souplesse, d'humour et de capacité de s'engager; ils doivent savoir comment se détendre et savourer les moments passés ensemble.

De nos jours, la plupart des femmes travaillent avant et pendant le mariage. Il arrive souvent que les couples qui me consultent me confient, en plaisantant, que ce dont ils ont besoin, c'est d'une femme à la maison. Un animal de compagnie peut offrir un soutien affectif aux deux partenaires. Quand ils rentrent chez eux le soir, leur animal affectueux, enthousiaste et empressé les accueille et les comble instantanément d'amour et de joie. Voyons maintenant comment les animaux peuvent aider les couples à réduire leurs tensions et à résoudre leurs problèmes.

LE CHEMIN QUI MÈNE DU RÊVE À LA RÉALITÉ

Au début d'une relation, les couples se concentrent généralement sur ce qu'ils ont en commun. Ils sont ravis de découvrir qu'ils partagent les mêmes goûts en matière de cinéma, de cuisine, de lectures et de voyages. Ils s'habillent et se comportent souvent pour plaire l'un à l'autre. Projetant un idéal romantique sur leur futur partenaire, ils ferment les yeux sur leurs divergences en ce qui a trait à leurs valeurs et à leurs attentes. Mais une fois mariés, les conjoints se rendent compte que la vie à deux fait ressortir des conflits qu'ils avaient balayés sous le tapis durant les fréquentations. Une lutte s'engage. Les deux partenaires peuvent-ils préserver leur individualité et évoluer tout en sauvegardant leur amour ?

LA COMMUNICATION EST LA CLÉ

En général, le couple ne se rend pas compte de la façon dont il tombe dans certains schémas et nourrit de faux espoirs. Tenter de deviner les besoins de son partenaire est une habitude destructrice. Les deux partenaires ont alors tendance à être déçus de l'attitude de l'autre et se mettent à se blâmer mutuellement et à tenter de prouver qui a raison. Définir et communiquer ses besoins d'une manière plus positive est le premier pas vers la résolution des conflits.

Ron et Mélanie illustrent parfaitement ce manque de communication entre époux. Ils vinrent me consulter après un an de mariage seulement, en raison de l'escalade de leurs querelles. Mélanie, âgée de vingt-neuf ans, était infirmière. Âgé de trente-deux ans, Ron avait été attiré par son côté chaleureux, sensible et attentif. Gravissant avec succès les échelons dans sa carrière d'informaticien, il comptait sur Mélanie pour l'épauler quand il avait besoin d'elle. Durant leurs fréquentations, Mélanie rêvait d'être une épouse attentive et avait encouragé Ron à compter sur elle. Issue d'une famille de militaires en constant déplacement, elle rêvait de fonder un foyer stable avec Ron. Mais après un an de mariage, elle était devenue impatiente et distante, car elle se sentait piégée par la dépendance de son époux. Le constant besoin d'attention de celui-ci, qu'elle trouvait romantique au début, l'étouffait maintenant.

Tandis qu'elle me parlait, Ron attendait impatiemment une occasion de l'interrompre. « J'ai l'impression d'être une mère plutôt qu'une épouse. Moi aussi je travaille, et

pourtant Ron trouve tout à fait normal que je fasse les courses et la cuisine. Je pensais qu'avoir un mari et un foyer
m'aiderait à me sentir aimée et en sécurité. Mais je passe la
plupart de mon temps à l'écouter se plaindre de ses problèmes professionnels et à essayer de lui remonter le moral.
Je m'occupe toute la journée de malades et le soir je
m'occupe de lui. Qui s'occupe de moi ? »

Ron était blessé et furieux. « C'est toi qui voulais te
marier tout de suite. Tu savais bien que ma carrière allait
dépendre de mes performances au cours des quelques
années à venir. Il y a un an, tu étais enthousiaste à l'idée de
préparer des plats exotiques. Maintenant, j'ai l'impression
de vivre avec un martyr plutôt qu'avec une épouse. C'est ce
genre de querelles qu'on a à la maison et j'en ai par-dessus
la tête. »

Il était manifeste que leur conflit n'allait jamais se résoudre ainsi. Ils étaient devenus experts à se lancer des reproches et avaient oublié de s'écouter l'un l'autre. Ils pensaient
tous deux avoir raison et jamais ils n'en démordraient. Je
leur demandai de décrire une de leurs querelles récentes.
Fait intéressant, cette dispute avait porté sur l'adoption
d'un chat du quartier. Ron voulait recueillir ce chaton sans
abri ; Mélanie, elle, aimait bien l'animal, mais se sentait déjà
débordée par les tâches ménagères. « C'est moi qui vais
devoir m'occuper du chat », lança Mélanie, « et tu sais fort
bien que j'ai raison ». Je leur demandai à tous les deux
d'exprimer leurs sentiments à ce sujet, puis de dire quelles
responsabilités ils seraient prêts à assumer. Ron était
d'accord pour donner à manger au chat et l'emmener chez
le vétérinaire. Mélanie fit surprise de son offre. De son côté,
elle accepta d'acheter sa nourriture et de voir à sa toilette.
Ils s'occuperaient de la litière à tour de rôle. Cette petite
discussion démontra à Mélanie que si elle énonçait clairement ce qu'elle était prête à faire, ou non, Ron l'écouterait.
Elle n'était pas forcée de tout prendre sur ses épaules pour

ensuite être rongée par le ressentiment. En fait, elle s'aperçut que Ron était disposé à l'aider lorsqu'il comprenait nettement ce qu'elle attendait de lui.

Il est rare que les couples se dupent intentionnellement quant à leurs attentes respectives; par contre, ils surestiment souvent leurs capacités. En trouvant une solution au problème du chat, Ron et Mélanie se rendirent compte qu'il était possible de venir à bout d'une difficulté sans se tomber dessus. Lors de leur visite suivante, ils m'annoncèrent qu'ils avaient adopté le chat en question et partageaient les responsabilités tel que convenu. Ce litige facilement résolu leur permit d'aborder ensuite des problèmes plus délicats, à savoir: le partage des tâches ménagères, la communication et les rapports sexuels. Chacun avait sa définition d'un bon partenaire. Après avoir examiné l'idée qu'ils se faisaient du mariage et l'avoir adaptée pour satisfaire leurs besoins respectifs, ils cessèrent de s'accabler de reproches, apprirent à résoudre leurs problèmes et commencèrent à jouir de leur union.

Apprendre à s'ouvrir à l'autre

Dans les couples où les deux exercent une carrière, l'homme et la femme s'attendent souvent à ce que le mariage leur procure automatiquement le support affectif dont ils ont besoin, comme l'illustre le cas de Mark et de Sherry. Mark, âgé de trente-six ans et Sherry, âgée de trente ans, s'étaient mariés après deux années de fréquentations tumultueuses. Après plusieurs ruptures et réconciliations, ils avaient finalement décidé de se marier. Sherry pensait avoir besoin d'un engagement durable; de son côté, Mark trouvait Sherry excitante et pensait avoir trouvé la partenaire idéale. Mark travaillait comme éditeur et consacrait ses énergies à établir une nouvelle clientèle. Sherry était directrice d'une firme d'experts comptables et réussissait très bien. Après seulement huit mois de mariage, ils se sont retrouvés tous les deux remplis de ressentiment l'un envers l'autre. Lorsqu'ils vinrent me consulter, ils avaient le visage crispé par la tension.

« Mark critique tout et n'est jamais satisfait de ce que je fais. Il me rappelle ma mère que je n'arrivais jamais à contenter. La maison n'est jamais assez rangée et le dîner n'est jamais tout à fait à son goût. Le week-end, il arrive toujours avec une longue liste de travaux à faire. Avant le mariage, nous nous amusions. Maintenant, c'est le travail et les prises de bec. » Sherry continua d'exprimer son mécontentement avec la logique et le flegme dont elle faisait preuve dans sa profession.

Malheureusement, cette attitude de Sherry intensifia l'esprit polémique de Mark. « C'est faux ! » dit-il, « Je ne critique pas. J'en ai tout simplement marre de de te voir plongée dans tes rapports financiers quand je rentre à la maison. J'ai besoin d'une femme aimante et chaleureuse, pas d'un expert comptable. Tu as toujours l'esprit ailleurs et tu n'es jamais d'humeur à faire l'amour quand j'en ai envie. Je rentre épuisé le soir, la maison est en désordre et toi, tu es là en train de travailler pour un autre. Tu n'as jamais de temps pour moi. » Mark se pencha pour caresser Lorelei, dont la présence semblait l'apaiser.

Ce dialogue fut le début d'une thérapie intensive qui dura plusieurs mois. J'attirai leur attention sur le fait que le mariage peut être une source de chaleur et de sécurité pour les deux partenaires, mais, pour cela, ceux-ci doivent faire preuve de sensibilité et se connaître eux-mêmes.

Au cours des séances suivantes, j'appris que les parents de Sherry avaient divorcé lorsqu'elle avait douze ans. Sa mère s'était davantage intéressée à sa carrière qu'à son rôle de mère. Inconsciemment, elle avait transmis à Sherry son ambition professionnelle, sans se rendre compte de l'impact que cela aurait sur sa vie intime. Les études de comptabilité n'avaient fait que renforcer la propension de Sherry à l'ordre. En conséquence, celle-ci accordait peu d'attention à son côté tendre et vulnérable. Elle était plus à l'aise à résoudre les problèmes professionnels que les problèmes émotifs.

Il fallait tout d'abord amener Mark et Sherry à dialoguer. Pour ce faire, Lorelei et moi avons servi d'intermédiaires. Petit à petit, ils apprirent à s'ouvrir l'un à l'autre. Sherry confia à Mark son sentiment d'incompétence quant à sa féminité. Elle lui fit part également de sa peur d'agir d'une manière déraisonnable ou de perdre le contrôle. Voyant Sherry dévoiler son côté vulnérable, Mark se détendit et se mit à l'écouter et à comprendre ce qu'elle ressentait.

De son côté, Mark réalisa que lorsqu'il rentrait à la maison épuisé physiquement et émotivement, il devenait mécontent, critique et exigeant envers sa femme. Il comprit qu'il lui fallait modérer son rythme de travail de façon à ne pas rentrer exténué le soir. Une fois qu'il eut adopté un horaire moins chargé, il s'aperçut qu'il n'était plus aussi exigeant envers lui-même et envers Sherry. Ils comprirent tous les deux qu'ils devaient s'organiser pour se détendre et s'amuser davantage ensemble.

Je leur conseillai de s'exercer à la maison à s'écouter mutuellement en utilisant leur chatte Miranda comme intermédiaire. Après le dîner, ils allaient donc s'asseoir sur le divan avec elle et tout en la caressant, ils pratiquaient l'écoute empathique. Par exemple, Mark devait confier à Sherry ses sentiments sur un certain sujet et Sherry devait lui dire ce qu'elle avait compris. Grâce à la présence relaxante de Miranda et à une patience nouvellement acquise, leur relation se renforça peu à peu. Le fait de caresser Miranda les incita à exprimer leur côté paisible et tendre, et à se montrer plus indulgents et sensibles l'un envers l'autre. Ils se rendirent compte aussi qu'ils n'avaient pas toujours besoin d'avoir raison.

La présence chaleureuse et sympathique d'un animal peut aider à tempérer une dispute stérile. Celui-ci ne prend pas parti. Il se moque de savoir qui a raison et qui a tort. Il ne demande aucune explication et ne donne aucun conseil. L'animal ne critique pas ; il aime. Il écoute attentivement et pense que les deux interlocuteurs peuvent avoir raison. Il apporte son soutien et respecte chaque personne pour ce qu'elle est.

Sortir de l'impasse en écoutant

Une mauvaise communication entre partenaires a plusieurs causes, dont les plus communes sont la déception, la peine et le repli sur soi. Un thérapeute et un animal peuvent apporter leur soutien aux conjoints qui se risquent à être vulnérables et à s'ouvrir l'un à l'autre. Cultiver l'intimité conjugale est un travail qui requiert de la patience, mais les résultats en valent largement la peine.

Lorsque Pam, âgée de vingt-neuf ans, épousa Bob, âgé de trente-cinq ans, elle pensait avoir trouvé non seulement un compagnon, mais aussi le père adoptif parfait pour Ken, son fils issu d'un premier mariage. En épousant Bob, elle trouvait la stabilité qu'elle n'avait jamais connue durant son enfance, avec un père alcoolique et imprévisible. Bob, un ingénieur, était un homme conservateur et placide. Il avait été attiré par l'entrain et la cordialité de Pam. Il n'avait pas eu d'enfants lors de son premier mariage et se réjouissait à l'idée d'aider Pam à élever son fils alors âgé de dix ans. Ni lui ni Pam n'auraient pu prévoir les déceptions et les problèmes qui allaient surgir au cours de leurs deux premières années de mariage. Pam avait à peine franchi le seuil de ma porte que ses ressentiments refoulés se déchaînèrent.

« Tu caches tes sentiments et tu te dérobes lorsqu'on se dispute », lui dit-elle en se tournant vers lui. « J'en ai marre de toujours aborder les problèmes à ta façon. J'ai besoin d'exprimer mes sentiments, mais pas à ta manière. Tu te poses toujours en expert. Je me sens étouffée par tes méthodes. » Je lui fis remarquer que si elle voulait que Bob se montre ouvert sur le plan affectif, il lui faudrait respecter leurs différences.

Bob se pencha pour donner une petite caresse à Delilah. Manifestement, il se préparait pour une nouvelle attaque et essayait de se protéger en masquant sa réaction à la colère de Pam. Lorsqu'il était intimidé, Bob se repliait sur lui-même et s'efforçait d'analyser la situation. En se dérobant ainsi, il se refermait sur le plan affectif, ce qui réveillait chez Pam le souvenir douloureux du repli et de l'imprévisibilité de son père.

Afin de briser ces schémas de communication destructeurs, je leur suggérai de faire un exercice d'écoute. Je leur demandai de laisser tomber leurs arguments logiques et de s'écouter mutuellement, le cœur et l'esprit ouverts, en se servant de Delilah comme intermédiaire. Même s'ils n'étaient pas d'accord, ils devraient écouter ce que l'autre avait à dire et prendre le temps de le comprendre. Delilah serait assise tout près et ils pourraient la caresser en tout temps ; sa présence les aiderait à faire preuve de patience pendant que l'autre prendrait la parole.

Je demandai à Bob de commencer à confier ses besoins à Pam. Il parla de son sentiment d'incompétence dans leur relation et exprima la crainte qu'il éprouvait lorsqu'il se rendait compte qu'il n'était pas toujours inclus dans le rapport qu'entretenait Pam avec son fils Ken. Il reconnut sa tendance à se cacher derrière le masque de l'expert parce que cela lui procurait un sentiment de sécurité. Tout en caressant Delilah, Pam l'écouta sans mot dire, jusqu'à ce qu'il ait terminé. Puis elle confia à Bob que sa réserve lui rappelait son père. Bob réalisa alors que le repli de son père sur lui-même avait amené Pam à craindre l'intimité. Pour une fois, ils cessèrent de s'accabler de reproches et commencèrent à prêter attention aux besoins affectifs de l'autre.

L'exercice qui suit, à faire en compagnie de votre animal, vous permettra de vous pratiquer à écouter votre partenaire avec un esprit ouvert et sans vous tenir sur la défensive. Vous devez vous exercer à ne pas rétorquer lorsque vous n'êtes pas d'accord et que l'autre vous reproche certaines lacunes. Sans nul doute, la sincérité avec laquelle vous écoutez votre partenaire vous aidera à entretenir et à consolider votre relation.

Exercice n° 11 : Apprendre à écouter son partenaire

Première partie : Clarifier ses besoins

1.   Asseyez-vous avec votre animal dans un endroit tranquille. Caressez-le. Respirez profondément et détendez-vous.

2.   Confiez à votre animal un besoin personnel important que votre partenaire semble ignorer ou ne pas comprendre pleinement. Exprimez-vous à voix haute en prêtant attention à ce que vous dites ; si vous lui dites, par exemple, « Pourquoi ne fait-il jamais la cuisine ? », est-ce vraiment ce que vous voulez communiquer à votre partenaire ? Dans la négative, reformulez votre demande autrement ; dites par exemple, « J'ai besoin qu'il m'aide à préparer le repas lorsque je suis débordée. » La clarification de vos besoins est un travail qui peut être long ; votre animal a tout son temps.

3.   Lorsque vous serez satisfait de la façon dont votre demande est formulée, vous serez prêt à parler à votre partenaire.

Deuxième partie : Communiquer avec son partenaire

1.   Asseyez-vous avec votre partenaire et votre animal thérapeute.

2. *Exprimez à votre partenaire le besoin que vous venez tout juste de clarifier en présence de votre animal. Il (ou elle) doit vous écouter sans interrompre, même si son point de vue diffère du vôtre.*

3. *Lorsque vous aurez terminé, votre partenaire répétera à sa façon ce que vous venez de dire.*

4. *Si ce message ne correspond pas à ce que vous vouliez communiquer, reformulez votre besoin. Une fois de plus, votre partenaire doit s'abstenir de réagir.*

5. *Votre partenaire doit répéter ce qu'il vient d'entendre.*

6. *Lorsque votre propos a été pleinement compris, renversez les rôles. Votre partenaire fera d'abord la première partie de cet exercice et clarifiera ses propres besoins. Puis, ensemble, vous reprendrez la deuxième étape. C'est maintenant à votre partenaire de communiquer ses besoins et à vous d'écouter et de répéter ce que vous avez compris.*

Quand vous aurez réussi à partager vos besoins respectifs, restez assis tous les deux, en silence.

Répétez cet exercice dès que l'un de vous en ressentira le besoin. Si vous vous sentez tendu ou anxieux au cours de cet exercice, respirez profondément en caressant votre animal. La sérénité de ce dernier vous aidera à rester ouvert à cette nouvelle forme de communication. Évitez de faire cet exercice au beau milieu d'une dispute ou avant d'avoir eu l'occasion de faire le point, seul avec votre animal. Pour arriver à clarifier la situation, il est nécessaire que vous distinguiez d'abord vos pensées de vos émotions, ce qui ne peut se faire dans le feu d'une dispute. Cet exercice, lorsqu'il est effectué comme il faut, vous apprendra à communiquer efficacement.

IL Y A DE LA PLACE POUR DEUX... LES BIENFAITS D'UNE TRÊVE

Un couple a besoin de trêves émotives. Il n'est pas nécessaire de faire une montagne de la moindre contrariété qui se présente. Point n'est besoin non plus de discuter de chaque objet de ressentiment. Qu'ils soient mariés ou en union libre, les conjoints doivent à tout prix s'accorder des répits dans les moments de tension inévitables qui affectent leurs relations intimes.

Les animaux nous distraient des pressions quotidiennes et nous permettent de nous détacher de nos conflits conjugaux pour mieux les évaluer. Si le problème est sérieux, les attaques impulsives et violentes destinées à faire valoir notre point de vue ne donneront pas nécessairement le résultat escompté. Laissez votre animal vous aider à vous détendre. Calmez-vous en le toilettant ou en l'emmenant faire une promenade. Cela vous permettra de voir le problème sous un angle différent. Peut-être même retrouverez-vous votre sens de l'humour !

Si vous avez pris l'habitude de vous quereller sans arrêt, il se peut que vous ayez du mal à vous tirer de ce schéma de comportement destructeur. Votre animal est alors le parfait antidote. À voir votre chat courir après sa queue ou votre chien vous rapporter son os précieux, vous vous remettrez peut-être à voir la vie du bon côté. Quand vous retournerez à votre problème, peut-être trouverez-vous qu'après tout, il n'est pas si terrible. Certains problèmes se résolvent sans intervention. Mais si une situation exige que vous y prêtiez attention, il est bon de vous changer les idées pour acquérir une nouvelle vision des choses. Un animal aimant peut aussi vous aider à clarifier vos besoins et à résoudre vos conflits de façon constructive.

Trouver le moment propice
pour communiquer

Un autre problème qui se pose souvent est de savoir *quand* communiquer. Les deux partenaires n'ont pas toujours envie de parler ou d'écouter au même moment. Le cas de Donna et Rob illustre bien cette difficulté. Tous les soirs, Donna et Rob se disputaient pour la même chose. La querelle s'amorçait ainsi : il rentrait à la maison affamé et se précipitait aussitôt à la cuisine où Donna préparait le repas du soir ; il goûtait à tout et parfois même, il apportait sa touche personnelle au dîner, en dépit des protestations de son épouse. Elle n'aimait pas qu'il se mêle de cuisine. Elle avait beau protester, Rob ne l'écoutait pas. Il avait envie de parler à quelqu'un dès son retour du travail. De son côté, Donna préférait attendre d'être à table pour discuter des événements de la journée. À cause de cette querelle quotidienne, leurs soirées démarraient inévitablement sur une fausse note.

Manifestement, Rob avait besoin de contact lorsqu'il rentrait à la maison. Donna, elle, avait besoin de silence, ce qu'elle trouvait justement dans sa cuisine en préparant le repas. Je leur suggérai un bon moyen de briser cette mauvaise habitude. Rob, qui aimait jouer dehors avec leur chien Hari, pourrait profiter de cette occasion pour s'amuser avec lui. Il pourrait ainsi satisfaire son besoin de contact et Donna pourrait savourer quelques moments de quiétude. La présence de Hari les aida tous les deux à combler leurs besoins.

Il est parfois difficile de trouver le moment propice pour échanger d'une façon constructive avec son partenaire. La présence d'un animal peut faciliter la chose. En effet, emmener son chien faire une promenade ou le toiletter, ou aller jouer avec son chat, constitue une façon agréable d'accorder quelques moments de solitude à son partenaire.

Ignorer ce besoin d'espace peut transformer un léger désaccord en une querelle déchirante. Il est tellement plus agréable de s'amuser avec son animal que de se chamailler avec
son conjoint pour des vétilles!

SAVOIR APPRÉCIER LA DIVERGENCE DE VUES

Dans la vie de couple, les petits désaccords et les intérêts divergents sont tout à fait naturels. Les deux partenaires pensent souvent, mais à tort, que pour bien s'entendre,
ils doivent avoir le même point de vue sur tout. Le respect
des différences est non seulement sain, mais donne un peu
de piquant au mariage. En faisant face à vos différences,
vous pouvez briser des habitudes qui risquent de vous plonger dans l'ennui. Vues sous cet angle positif, ces divergences peuvent enrichir le rapport conjugal.

Ne pas laisser les divergences nuire à son union

Certains couples laissent leurs divergences faire obstacle
à leur relation. Denny et Joan, un couple dans la vingtaine,
étaient mariés depuis un an et se retrouvaient souvent
embourbés dans le même conflit, au sujet des parents de
Denny. Denny était enfant unique et gardait un contact
étroit avec ses parents. Joan, elle, avait quitté sa famille
lorsqu'elle était encore jeune et avait volé de ses propres
ailes avant de se marier. Denny ne voyait aucun inconvé-
nient à ce que ses parents téléphonent fréquemment ou
leur rendent visite à l'improviste, mais cela dérangeait Joan.
Joan affirmait que Denny était une pâte molle entre les
mains de sa mère; Denny soutenait pour sa part que Joan
était insensible et ne pouvait comprendre le rapport étroit
qu'il entretenait avec ses parents. Au moment où je les ren-
contrai, ils se trouvaient dans une impasse à propos de la

belle-famille, ni l'un ni l'autre ne voulant démordre de son point de vue.

Apparemment, cette dispute resurgissait semaine après semaine depuis leur voyage de noces. Quand je leur demandai comment se passait le reste de leur vie de couple, ils m'avouèrent qu'ils se chamaillaient régulièrement au sujet de leur épagneul Alex, mais avec moins de véhémence. Denny permettait au chien de dormir dans leur lit; lorsque Joan exprimait son désaccord, il rétorquait qu'Alex se sentirait rejeté s'il le renvoyait. Denny avait appris à se montrer beaucoup plus complaisant sur le plan émotif. Il avait l'habitude de voir son espace personnel bousculé par ses proches. Joan, quant à elle, avait appris à protéger son espace personnel et s'offensait de la désinvolture de Denny. Quand elle exprimait son désaccord concernant son attitude envers ses parents, Denny s'obstinait. Ni l'un ni l'autre n'essayait de comprendre le point de vue de son partenaire.

Lors d'une de leurs visites, je leur suggérai de faire un exercice qui leur permettrait à tous deux de comprendre le point de vue de l'autre. Denny devrait dresser Lorelei comme si elle était son propre chien. Cela lui donnerait l'occasion d'apprendre à fixer des limites et à dire non. Je demandai ensuite à Joan de faire l'inverse: elle devait s'asseoir par terre, près de Lorelei, et voir pendant combien de temps elle pouvait prendre plaisir à partager son espace avec elle. Ils devaient poursuivre cet exercice à la maison en compagnie de leur chien. Ils apprirent ainsi à mieux comprendre les besoins affectifs de l'autre. Le fait de discuter de leurs différences quant à leur conception de l'intimité et de l'espace personnel les aida à aborder plus objectivement leurs divergences au sujet des parents de Denny. En travaillant avec leur animal, ils apprirent également qu'ils pouvaient maintenir leur intégrité tout en s'ouvrant à des points de vue différents. Point n'était besoin de se soumettre aux exigences de l'autre pour lui faire plaisir, ni de s'accrocher à une attitude rigide et d'être sur la défensive.

Le cas de Denny et de Joan illustre bien le besoin de reconnaître les particularités de chacun des partenaires dans un couple. La souplesse vient lorsqu'on arrive à respecter le point de vue de son partenaire. En travaillant sur un conflit mineur à propos de leur chien, ils purent développer cette souplesse sans se sentir menacés.

Reconnaître l'importance des différences

Contrairement à Denny et Joan qui se querellaient sans cesse à propos des mêmes questions, Keith et Betsy, âgés respectivement de trente et de vingt-neuf ans, vinrent me consulter parce que chez eux, tout était matière à dispute. Ils étaient trop occupés à se plaindre pour apprécier le caractère unique de chacun. Au cours des premières séances, c'est l'argent qui faisait l'objet de leur querelle. Pour Keith, l'argent était un moyen de s'assurer une sécurité pour l'avenir alors que pour Betsy, il devait servir à leur rendre la vie présente plus agréable. Ils avaient convenu d'acheter et d'aménager leur première maison. Mais lorsqu'ils achetèrent Géraldine, un afghan, ils se mirent à se chamailler à propos de l'installation d'une clôture dispendieuse. Ce fut la goutte d'eau qui fit déborder le vase. Ni l'un ni l'autre n'acceptait de compromis. Ils avaient tous les deux pris la malheureuse habitude de céder, puis de nourrir du ressentiment à l'égard de l'autre. Ce faisant, ils sentaient qu'ils mettaient en danger leurs valeurs personnelles. C'est ainsi qu'ils prirent la décision de consulter.

Keith affirma qu'ils avaient besoin d'un point de vue objectif sur l'installation d'une clôture de 3 000 $ pour leur chien. « Betsy n'a jamais été réaliste en matière d'argent. Ses parents lui ont appris que l'argent est fait pour être dépensé. Elle ne semble pas réaliser combien il est difficile à gagner. Heureusement, mon cabinet de dentiste marche bien. Mais nous n'avons *jamais* pu nous mettre d'accord sur la façon de dépenser notre argent. »

Betsy, bouillante d'impatience, l'interrompit. « Tu parles comme si je passais mes journées assise à la maison à manigancer des façons dont je pourrais dépenser ton argent. Je travaille moi aussi. Tu as toujours été pingre. On croirait qu'on est au bord du désastre financier. Je dois me battre à chaque fois que nous avons une dépense majeure à faire. » Se tournant vers moi, elle me lança : « Dieu merci ! Nous avons trouvé une thérapeute qui aime les animaux. Vous convenez certainement que nous avons besoin d'une clôture solide pour Géraldine. »

Ils attendaient tous deux ma réponse. Je n'allais pas tomber dans le panneau et leur donner mon avis à propos de la fameuse clôture. Ce qui m'intéressait, c'était de savoir comment ils arrivaient à prendre des décisions communes et s'ils respectaient alors leurs différences d'opinions. La clôture constituait le problème de l'heure, mais il s'avéra qu'ils avaient eu de nombreux autres différends. L'un ou l'autre semblait toujours imposer son point de vue au moins convaincu. C'est Betsy qui choisissait le mobilier et qui organisait leur vie sociale. De son côté, Keith décidait de leurs vacances et s'occupait du compte en banque. Ils n'arrivaient pas à s'accorder en matière de sexualité et par conséquent leur vie intime était un vrai désastre. Mais récemment, toutes leurs querelles portaient sur la question financière.

Je leur parlai de l'importance du caractère unique de chacun dans un couple. Nous examinâmes les traits de caractère que chacun révélait durant leurs querelles et découvrîmes que c'étaient ces aspects mêmes de leur personnalité qui les avaient autrefois attirés l'un vers l'autre. Par exemple, Keith avoua qu'il avait été attiré au départ par l'entrain de Betsy et sa joie de vivre. Il avait tellement investi de lui-même dans ses études dentaires et dans l'établissement de son cabinet que la présence de Betsy lui avait été très précieuse. Elle avait apporté un rayon de soleil dans sa vie beaucoup trop sérieuse. Pour son trentième anniversaire, elle lui avait offert un gros chat paresseux qu'il avait appelé Cookie. Betsy et Cookie avaient appris à Keith les joies de la détente.

Betsy me confia combien elle avait été attirée par la détermination de Keith et par ses valeurs traditionnelles. Elle sentait qu'elle pouvait compter sur lui. Elle avait également pressenti qu'il ferait un bon père. Elle n'avait pas prévu qu'après un certain temps de vie commune, ils essaieraient de se changer l'un l'autre. Elle était consciente qu'ils avaient perdu la capacité de s'apprécier l'un l'autre et qu'il était temps de mettre un terme à leur rivalité. Ce dont ils avaient besoin, c'était de prendre le temps de s'écouter.

Avec l'aide de Delilah, ils apprirent à se détendre et à écouter. La chienne se couchait aux pieds de Keith et l'observait avec intérêt. Quand il la caressait, sa voix s'adoucissait. En parlant du temps où ils sortaient ensemble, Betsy et Keith se rappelèrent à quel point ils appréciaient alors chez l'autre les traits de caractère qu'ils méprisaient maintenant. Cette prise de conscience les étonna et leur donna une nouvelle perspective de leur union et ranima leur sens de l'humour. Le simple fait de mettre l'accent sur l'appréciation des différences de caractère plutôt que sur leur critique fit resurgir l'enthousiasme d'antan.

Prendre une décision commune – que ce soit pour l'achat d'une clôture ou pour toute autre raison – est plus facile quand chacun peut comprendre et apprécier le point de vue de l'autre.

Exercice n° 12 : Apprécier les qualités uniques de son partenaire

Cet exercice vous aidera à prendre de nouveau conscience des qualités uniques de votre partenaire et à les apprécier.

1. *Asseyez-vous avec votre animal et faites une liste des qualités et des attitudes de votre partenaire qui diffèrent des vôtres. Énoncez-les à voix haute à votre animal et prêtez attention à la réaction que cela suscite en vous. Laissez maintenant votre partenaire s'asseoir avec votre animal et faire de même.*

2. *Échangez vos listes et examinez ensemble comment ces différences enrichissent votre relation.*

3. *Après avoir tous les deux exprimé votre appréciation pour vos qualités respectives, rappelez-vous, comme l'ont fait Betsy et Keith, ce qui vous a attirés l'un vers l'autre et comment vous êtes tombés amoureux. Remémorez-vous votre première rencontre. Revivez l'enthousiasme du moment.*

4. *Évoquez ces souvenirs à tour de rôle. Rappelez-vous les rêves que vous partagiez. Au fur et à mesure que vous retrouverez la capacité de vous apprécier mutuellement, la magie du début resurgira.*

Dans un couple, les partenaires n'ont pas besoin d'abandonner leurs valeurs et leurs particularités pour avoir une relation heureuse. C'est en respectant les valeurs individuelles et en se gardant de vouloir à tout prix changer son partenaire qu'on enrichit une relation.

Les animaux appliquent à merveille cette philosophie. Ils ne s'attendent pas à ce que leur maître et leur maîtresse agissent de la même façon, ni comme eux. Ils acceptent tous les membres de la famille avec leurs comportements respectifs : une mère ou un père *attentif, un enfant enjoué, et ainsi de suite. La diversité des comportements au sein de la famille contribue à la joie de vivre de l'animal.*

LA DÉCISION D'AVOIR DES ENFANTS

Une des causes de conflit chez un couple a trait aux enfants : aura-t-il des enfants ou non, et si oui, quand ? Cette décision est encore plus difficile à prendre si les deux conjoints se trouvent dans une situation professionnelle accaparante et ont conscience de l'impact qu'aura un enfant sur leur vie. Lorsqu'une femme atteint la trentaine, elle ressent parfois un besoin pressant de fonder une famille. Mais peut-être est-ce aussi le moment où sa propre carrière ou celle de son mari se situe à un tournant. La décision d'abandonner ou non son intimité, son indépendance et un certain style de vie peut créer un remous dans le couple. Les désaccords engendrés par cette situation cachent parfois une appréhension des responsabilités parentales. Chez certains, l'idée de devenir parents fait resurgir des problèmes non résolus de leur enfance. Pour résoudre ce conflit, il est donc essentiel de comprendre le point de vue de son partenaire sur cette question cruciale.

Il y a beaucoup de points communs entre élever un enfant et s'occuper d'un chat ou d'un chien. Les problèmes et les décisions reliés à ces responsabilités présentent souvent des analogies. Le couple qui n'arrive pas à résoudre son dilemme peut envisager la possibilité d'adopter un jeune animal. C'est là un bon test qui lui révélera son aptitude à affronter les contraintes et les responsabilités reliées au soin d'un être dépendant. Par exemple, qui se lèvera pour faire sortir l'animal ? Qui lui donnera à manger, nettoiera les dégâts, qui décidera de son nom et l'emmènera chez le vétérinaire ? Qui décidera combien d'affection lui donner et comment le discipliner ? Toutes ces décisions font appel à un sens des responsabilités qui ne fera que renforcer l'engagement du couple.

Apprendre à respecter les besoins de son conjoint

Lorsque Bruce, âgé de trente ans, et Patti, âgée de vingt-neuf ans, se sont mariés, Patti travaillait comme technicienne de recherche pour payer les études de médecine de Bruce. Dès qu'il eut terminé son internat, Patti voulut avoir un enfant; Bruce, lui, préférait attendre quelques années. Il voulait profiter de leur liberté et régler leurs dettes avant de tomber dans le « train-train familial ». Leurs querelles quotidiennes à ce sujet avaient transformé leur relation en un échange de politesse glacial. Inquiets sur le sort de leur mariage, ils décidèrent d'entreprendre une thérapie.

Ma chienne Delilah les accueillit lors de leur première visite. Patti se mit à la cajoler maternellement. Lorsqu'ils furent installés, elle se tourna vers son mari et lui dit: « J'en ai marre d'organiser ma vie en fonction de ton emploi du temps. Cela fait quatre ans que tu te voues corps et âme à la médecine. Tu n'as pas cessé de me dire d'attendre. Eh bien, j'ai attendu ! Quand est-ce que ce sera mon tour ? Même si j'avais la chance de me retrouver enceinte tout de suite, j'aurais trente ans au moment de l'accouchement. Je veux être assez jeune pour pouvoir apprécier mon rôle de mère. »

Sa voix tremblait tandis qu'elle exprimait sa frustration. Elle regarda Bruce avec une lueur d'espoir, mais celui-ci était décidé à ne pas céder: « Je refuse d'être contraint à avoir un enfant avant que je ne sois prêt. Moi aussi j'en ai par-dessus la tête d'avoir à passer mes week-ends à étudier et à être de garde. J'ai passé le plus clair de ma vie à me préparer à une carrière médicale, et j'ai enfin atteint mon but. Maintenant, j'aimerais prendre un peu de répit et m'amuser.

Une fois que j'aurai établi ma pratique, nous pourrons fonder une famille. »

Patti ne se laissa pas influencer par sa logique. « Tu ne penses qu'à toi, Bruce. Et mes besoins, alors ? Tu ne tenais pas ces propos *avant* qu'on se marie. » Sur ce, elle éclata en sanglots. Delilah s'approcha d'elle et mit sa patte contre sa jambe. Les yeux pleins de larmes, Patti caressa la chienne, cherchant quelque réconfort, et lança un regard furieux à son mari. Puis il y eut un moment de silence.

Manifestement, Patti se sentait trahie et Bruce, incompris. Fort heureusement, tous les deux tenaient à résoudre le problème et à chasser la rancœur qui se développait entre eux. Je leur suggérai de poursuivre leur thérapie quelques mois avant de prendre une décision. Entre-temps, ils pourraient apprendre à s'écouter mutuellement et même adopter un chiot. Je leur expliquai comment l'élevage d'un animal pourrait leur faire découvrir les responsabilités reliées à l'éducation d'un enfant. Ce serait en quelque sorte une répétition. Bruce soupira, soulagé, convaincu qu'il avait obtenu un sursis. Patti, elle, fut moins facile à convaincre. Elle accepta toutefois d'envisager la possibilité d'adopter un chiot, mais elle refusait de passer sa trentaine à élever un chien.

Le week-end suivant, ils achetèrent un terre-neuve qu'ils appelèrent Priscilla. Bruce, qui était beaucoup plus enthousiaste que Patti à l'idée d'élever un chien, était aux anges. Le chiot sentait son affection et lui rendait la pareille. Bruce se rendit compte qu'il était un papa gâteau. Si Priscilla avait froid ou se sentait seule la nuit, Bruce lui permettait de dormir dans le lit à côté de lui. Si elle avait besoin de sortir, c'est Bruce qui se levait pour la promener.

Pendant ce temps, Patti et Bruce poursuivirent leur thérapie pour apprendre à communiquer entre eux. Ils se rendirent compte que l'impasse dans laquelle ils se trouvaient était en partie due au fait que tous deux voulaient avoir le dessus. Ils ne tardèrent pas à comprendre qu'il ne s'agissait pas de prouver qui avait raison et qui avait tort, ou qui était le gagnant et le perdant, mais plutôt de respecter leurs besoins respectifs. Quelques mois plus tard, Bruce réussit à clarifier ses besoins et commença à se sentir moins contraint de changer. En outre, il avait pris conscience de son côté paternel en s'occupant de Priscilla et avait été particulièrement surpris de sa patience. Au cours d'une séance, il m'avoua que Priscilla avait éveillé en eux le sens de la famille. C'est alors qu'ils commencèrent à parler d'avoir un bébé.

Comme tous ceux qui ont du mal à se décider de fonder une famille, Bruce avait besoin de temps pour faire le point en lui-même. Il devait aussi faire l'expérience des responsabilités parentales. Il avait été tellement occupé à se quereller avec Patti qu'il ne s'était pas rendu compte que sa peur d'être père avait envenimé leur relation. Patti apprit à se mettre à l'écoute de son sentiment d'incompétence ; ainsi, Bruce se sentit mieux accepté et compris. Leur désir de s'ouvrir l'un à l'autre contribua à les rapprocher. De plus, l'adoption de Priscilla leur donna un aperçu tangible des responsabilités parentales.

La peur de faire des erreurs

J'avais parmi mes patients un couple qui, lui, était tout à fait décidé à fonder une famille ; son problème, c'est que la femme n'arrivait pas à être enceinte. Cette difficulté était attribuable à des peurs occultées. Jeff était âgé de trente-cinq ans et Maggie, de trente-trois ans ; ils étaient mariés depuis quatre ans et avaient passé les trois dernières années à essayer d'avoir un enfant. Ils avaient tout essayé, mais en vain. Leur médecin leur avait finalement suggéré d'adopter un enfant, mais de consulter d'abord un psychothérapeute afin de déterminer si le problème ne serait pas d'ordre psychologique. Ni l'un ni l'autre n'étaient enthousiasmés

par l'idée de se confier à un psychothérapeute, mais ils
acceptèrent de le faire en dernier recours. D'ailleurs, ils
annulèrent deux rendez-vous avant de pouvoir trouver un
moment qui convienne à tous les deux. Maggie travaillait
pour une société de production d'émissions télévisées; de
son côté, Jeff exerçait la profession d'avocat. Lorsqu'ils
entrèrent dans mon cabinet, Maggie me remit le rapport de
son gynécologue et s'assit sur le divan à quelque distance
de Jeff.

« Nous avons entrepris les démarches d'adoption le mois
dernier et depuis, nous n'arrêtons pas de nous quereller. Je
ne comprends pas pourquoi nous sommes tout à coup si
tendus. Jeff, si seulement tu avais subi les tests de fécondité
plus tôt, les choses auraient peut-être été différentes. »

Jeff alluma une cigarette et lui lança un regard furieux.
« C'est ridicule. C'est toi qui n'as jamais le temps de faire
l'amour. Ou bien tu as une réunion, ou bien tu es fatiguée.
De toute façon, je ne vois pas comment tu trouverais le
temps de t'occuper d'un enfant. Tu n'as même pas de
temps pour moi. »

Jeff et Maggie trouvaient plus facile de s'accabler de
reproches que d'affronter leur déception. Lorsqu'ils s'aper-
çurent que je ne cherchais pas à trouver un coupable, ils se
sentirent un peu plus en sécurité. Ils se mirent alors à exprimer leur peur de devenir parents. Après quelques mois de
thérapie, ils réalisèrent à quel point certaines expériences
de leur enfance avaient marqué leur attitude à l'égard du
rôle parental.

Jeff était l'aîné d'une famille de deux enfants. À la naissance de sa sœur, il s'était senti abandonné. Il avait essayé
de s'attirer l'attention de ses parents en excellant à l'école,
mais en vain. Ses parents s'intéressaient davantage aux
cours de danse de sa sœur. (Il était trop jeune alors pour
comprendre que sa mère avait consacré beaucoup d'attention au talent de sa petite sœur pour la danse parce qu'elle-

même n'avait pu réaliser son rêve de devenir danseuse.) Jeff était allé jusqu'à opter pour la carrière d'avocat parce qu'il croyait que cela plairait à ses parents. Ce n'est que lorsqu'il avait rencontré Maggie qu'il s'était senti à nouveau apprécié. L'idée d'être père créait chez lui un conflit: d'une part, il voulait fonder une famille, mais d'autre part, il craignait inconsciemment de perdre l'amour et l'attention de Maggie.

Pour Maggie non plus, les choses n'étaient pas claires. Ses parents s'étaient félicités de ses succès scolaires et tiraient une grande fierté de sa réussite professionnelle. Elle était consciente que Jeff avait été attiré par son indépendance et son aptitude à régler les problèmes efficacement. Elle ne savait pas si elle pouvait compter sur lui pour partager les responsabilités parentales. De plus, la tension avait été si forte entre eux au cours de la dernière année qu'elle appréhendait une séparation et la perspective de se retrouver seule avec un enfant en bas âge.

Jeff et Maggie avaient tous deux gaspillé tant d'énergie à entretenir des peurs cachées qu'il était grand temps pour eux d'apprendre à exprimer leurs sentiments ouvertement. Je leur suggérai d'adopter un chiot. Bowser les aida à clarifier leurs besoins. Par exemple, si Maggie passait trop de temps à s'occuper du chien, Jeff apprit à lui exprimer son besoin d'attention. Quant à Maggie, elle apprit à demander à Jeff de prendre la relève lorsqu'elle était trop fatiguée pour s'occuper du chien. En apprenant à s'écouter mutuellement (à l'aide de l'exercice n° 11: *Apprendre à écouter son partenaire*) et en se servant de Bowser comme cobaye, ils apprirent à faire confiance à leur capacité d'exprimer leurs différences dans leur façon d'assumer leurs tâches. Cette confiance les aida à se détendre et moins d'un an plus tard, Maggie était enceinte.

La présence d'un animal ne résout pas forcément tous les conflits reliés à la décision de fonder une famille.

Cependant, le fait d'avoir à s'adapter à la présence d'un nouvel animal offre à un couple l'occasion de communiquer honnêtement et de faire face aux besoins et aux divergences que révèlent les responsabilités parentales.

Exercice n° 13 : Suis-je prêt à avoir un enfant ?

Comme nous l'avons vu, élever un animal nous donne une occasion de déterminer si nous sommes disposés et aptes à élever un enfant. Les enfants comme les animaux ont besoin de notre attention. Bien que les animaux ne plaisent pas à tout le monde, si, en tant que futurs parents, vous avez la possibilité d'adopter un animal de compagnie, vous y trouverez un bon moyen de juger si vous êtes prêt à assumer les responsabilités parentales.

Entourez le nombre qui correspond le mieux à votre réaction à chaque question :

D'ACCORD   PAS D'ACCORD

5   4   3   2   1

1. *Si notre animal gémit au cours de la nuit ou me réveille à trois heures du matin, c'est moi qui me lève pour m'occuper de lui.*

5   4   3   2   1

2. *J'assume l'entière responsabilité de l'éducation de notre animal.*

5   4   3   2   1

3. *Si notre animal fait des dégâts dans la maison, c'est moi qui nettoie.*

5   4   3   2   1

4. *Si notre animal a faim, c'est moi qui lui donne immédiatement à manger et l'encourage à apprécier sa nourriture.*

5   4   3   2   1

5. *Si notre animal est malade, c'est moi qui l'emmène chez le vétérinaire.*

5   4   3   2   1

6. *Pendant la saison des puces, c'est moi qui lui donne les bains dont il a besoin.*

5   4   3   2   1

7. *C'est moi qui lui fais prendre de l'exercice.*

5   4   3   2   1

8. *Si notre animal renverse la poubelle du voisin ou cause d'autres dégâts, c'est moi qui m'offre à les réparer.*

5   4   3   2   1

Faites le total de vos points. Comment interpréter votre score ?

40 – 32 points :   *Vous avez tout d'un parent dévoué. Vous comprenez les responsabilités parentales et semblez prêt à les assumer.*

31 – 24 points :   *Vous êtes conscient des responsabilités parentales et avez la volonté de participer. Peut-être vous faut-il encore un peu de temps (et peut-être vous exercer à prendre soin d'un animal) avant de pouvoir pleinement assumer votre rôle de parent.*

23 points ou moins :   *Il serait bon de réévaluer votre décision de fonder une famille à ce moment-ci. Refaites l'exercice n° 11*

(Apprendre à écouter son partenaire) *pour pouvoir exprimer vos sentiments et vos besoins ouvertement et avec aisance à votre conjoint. L'éducation d'un animal peut vous fournir l'occasion de vous préparer à assumer votre rôle de parent.*

COMMENT RÉCLAMER L'ATTENTION DE SON PARTENAIRE

Le succès d'une relation dépend de l'équilibre entre la satisfaction de ses propres besoins et le respect des besoins de l'autre. Dans un ouvrage publié en 1983[20], les psychologues Jordan et Margaret Paul parlent de l'écran de protection dont s'entoure chaque partenaire afin de cacher sa peur du rejet. Ils montrent comment chacun des partenaires tente, à tort, de s'éviter la douleur d'un rejet en essayant de contrôler l'autre, en se soumettant ou en se montrant indifférent. En travaillant avec des couples en difficulté, je me suis aperçue que derrière cette attitude de défensive se cache généralement un profond désir d'amour et de compréhension mutuels. Comme psychothérapeute, ma tâche consiste à trouver le moyen d'aider les deux partenaires à se libérer du cercle vicieux des reproches et à se sentir suffisamment en sécurité pour exprimer leur besoin d'amour et d'attention. Mon expérience m'a démontré qu'un animal aimant apporte cette sécurité affective aux conjoints qui travaillent à résoudre leurs problèmes.

Quand l'un des partenaires change

Il arrive souvent qu'un des partenaires change et se mette à évoluer dans une nouvelle direction: la femme ou l'homme reprend ses études, trouve un nouveau passe-temps, développe de nouveaux talents, rencontre de nouveaux amis, ou change de carrière. Quel que soit le changement qui survient, il se peut qu'un des partenaires se sente délaissé. À la naissance d'un enfant, ce sentiment d'abandon peut également se faire sentir chez l'un des parents. Bien qu'il ne soit guère facile d'avouer son besoin d'attention, il est pourtant nécessaire de l'exprimer pour qu'une union soit heureuse et durable. Le fait de s'ouvrir l'un à l'autre et de partager leur sentiment de vulnérabilité leur remontera le moral à tous les deux. Ils grandiront en se rappelant que c'est la capacité d'exprimer leur amour qui les a unis au départ. Qui mieux qu'un animal peut nous enseigner à exprimer ce besoin d'affection et d'attention.

John et Lesley, âgés respectivement de quarante-huit et de quarante-quatre ans, étaient justement en plein processus de changement. Lorsque leurs deux filles avaient commencé le secondaire, Lesley avait décidé de retourner à l'université. Au départ, John l'avait encouragée, sans se rendre compte de l'énergie qu'elle y investirait. Dès la fin du premier trimestre, il devint irritable et de plus en plus critique face aux priorités de son épouse. Il se sentait délaissé, alors que Lesley développait sa confiance et son enthousiasme pour ses études. À force d'entendre John se plaindre tous les soirs, elle en vint à remettre leur mariage en question. C'est dans ces circonstances qu'ils entreprirent une thérapie.

John décrivit le problème ainsi: « Il fut un temps où nous avions une maison accueillante ; maintenant, c'est devenu la bibliothèque de Lesley. Elle passe sa vie à étudier et à s'en faire pour ses examens. Je n'aurais jamais imaginé, quand elle est retournée aux études pour décrocher son diplôme d'enseignante, que notre vie en pâtirait à ce point. Lorsque nos filles rentrent de l'école, elles ont une liste de tâches à faire. Ou bien Lesley est terrée dans sa chambre en train d'étudier, ou bien elle n'est pas là. Le soir, elle revient souvent passé neuf heures. Les filles en souffrent. À leur âge, elles ont besoin de plus d'attention. »

Je remarquai que John n'avait pas parlé du manque d'attention dont lui-même souffrait. Je demandai à Lesley d'exprimer à son tour ce qu'elle ressentait. Tandis que j'attendais sa réponse, Delilah alla s'asseoir à côté de John et lui offrit toute son attention.

Lesley était furieuse : « Tu exagères ! Susie et Lyn ne souffrent de rien d'autre que de leur humeur inconstante, comme tout adolescent. Au départ, tu étais d'accord pour que je reprenne mes études, et maintenant tu n'arrêtes pas de me reprocher d'être une mauvaise mère. À tel point que j'ai peur de rentrer à la maison ; je sais qu'à chaque fois, ce sera la querelle. Parfois, je vais passer mes soirées à la bibliothèque pour pouvoir étudier en paix. Et après tout, pourquoi devrais-je être la seule à m'occuper de la famille ? Ce sont *tes* filles à toi aussi. Dans deux ans seulement, je gagnerai un bon salaire et je pourrai contribuer à leurs études supérieures. Et tu as le culot de dire que je les oublie ! »

Leur querelle à propos des besoins de leurs filles aurait pu s'éterniser, mais je sentais que ce n'était pas là l'essentiel du problème. John se sentait abandonné et Lesley était sur la défensive. Nous devions avant tout examiner ce qui affectait leur relation. John était assis là, silencieux, avec Delilah à ses côtés. Dès qu'il interrompait ses caresses, Delilah changeait de position et se rapprochait pour l'encourager à continuer.

Je sautai sur l'occasion. Je lui fis remarquer que Delilah était tenace lorsqu'elle avait besoin d'attention. Ne se sentait-il pas comme elle, en mal d'attention et d'amour ? Il avoua qu'il se sentait délaissé depuis que Lesley avait repris ses études. Il avoua également qu'il lui était plus facile de parler des besoins de ses filles que de son propre sentiment de solitude. Il avait profité de toute l'attention de son épouse pendant si longtemps qu'il avait oublié comment la réclamer. Dès qu'il se mit à exprimer son sentiment de rejet à Lesley, la conversation se porta sur leur besoin d'intimité. Lesley lui confia que se sentant accusée injustement, elle n'avait pas voulu se montrer tendre envers lui. John parla de la peur qui s'emparait de lui au fur et à mesure que Lesley s'éloignait. Il craignait qu'elle n'ait bientôt plus besoin de lui.

Je leur suggérai de s'asseoir ensemble sur le divan ; sans mot dire, John devait exprimer à Lesley son besoin d'affection. Comme il hésitait, je lui rappelai comment Delilah avait essayé d'obtenir son attention. Il sourit, puis se rapprocha de Lesley et mit son bras autour d'elle. Ils continuèrent ainsi pendant quelque temps à communiquer en silence. Lors de la séance suivante, nous conçûmes un système de partage des tâches ménagères qui leur permettrait de passer plus de temps à profiter des moments passés ensemble et en compagnie de leurs filles.

Les animaux n'ont aucune difficulté à réclamer notre attention. Ils savent demander ce qu'ils veulent, quand ils le veulent. Les humains n'ont pas cette facilité. Les gens qui sont mariés depuis longtemps oublient souvent comment communiquer leurs besoins. Pendant les périodes de stress, il est particulièrement important d'exprimer son besoin d'affection.

Apprendre à vivre avec le succès de son conjoint

Les conjoints connaissent inévitablement des tensions conjugales s'ils se mettent à rivaliser entre eux. C'est pour des difficultés de cette nature qu'Ed, âgé de cinquante-deux ans, et Sandy, âgée de quarante-six ans, vinrent me consulter. Dès le début de leur relation, Ed avait remarqué le talent de Sandy en dessin de mode. Bien des années plus tard, quand Sandy eut l'occasion d'ouvrir une boutique avec une amie, Ed l'encouragea à le faire. Leurs fils étaient sur le point d'entreprendre leurs études universitaires, et Sandy se sentait prête à relever un nouveau défi. Peu après l'ouverture de sa boutique, ses créations originales devinrent très cotées et ses commandes se multiplièrent. Sandy était emballée et, au début, Ed se montrait fier d'elle. Mais au bout de quelques mois, il se mit à s'attarder le soir au bureau et, peu après, à dîner avec sa secrétaire. Il se sentait exclu du nouveau projet et des succès de sa femme. Au cours de leur thérapie, ils durent parler de leurs sentiments et s'écouter mutuellement. Sandy avoua qu'elle était furieuse de l'attention que son mari accordait à sa secrétaire. Jalouse, elle s'était repliée sur elle-même. Au fur et à mesure de leurs échanges, Sandy se rendit compte à quel point Ed était malheureux depuis l'ouverture de sa boutique et avait besoin d'elle. Il se sentait mal aimé, mais n'arrivait pas à réclamer l'attention de Sandy parce qu'il avait peur de laisser transparaître sa vulnérabilité. Fort heureusement, tous deux étaient décidés à travailler à leur relation et à consolider le lien qui les unissait.

Après plusieurs séances, ils réussirent enfin à s'écouter sans se juger. Ils purent alors aborder l'étape suivante qui consistait à réclamer l'attention du partenaire. Je leur ai demandé de prendre un moment à la maison pour communiquer d'une façon non verbale. Leur chat Roméo, qui n'avait aucun mal à demander leur attention, les aida à faire cet exercice. Sa méthode était fort simple : il se frottait contre leurs jambes ou sautait sur leurs genoux lorsqu'il voulait des caresses, puis il exprimait sa satisfaction en ronronnant très fort. Ed et Sandy s'amusèrent à suivre son exemple. Ils trouvèrent l'exercice un peu idiot, mais se rendirent compte par la même occasion combien il était facile d'obtenir ce dont ils avaient besoin sans avoir à souffler mot ! Leur relation se consolida une fois qu'ils eurent réussi à se sentir aimés de part et d'autre. Ils ne tardèrent pas à réorganiser leur emploi du temps de façon à passer plus de temps ensemble.

Exercice n° 14 : Comment réclamer l'attention de son partenaire

Voici un exercice qui vous apprendra à communiquer à votre partenaire votre besoin d'attention. La présence d'un animal y est essentielle.

1. *Tout d'abord, observez votre chien ou votre chat pendant quelques jours et notez la façon dont il s'y prend pour attirer votre attention : comment il vous regarde et surtout comment il établit le contact lorsqu'il veut quelque chose. (Il se frottera peut-être contre votre jambe, mettra sa tête sur vos genoux ou vous regardera avec tendresse.) Votre animal manifestera immédiatement sa satisfaction.*

2. *Arrangez-vous pour avoir un moment de tranquillité avec votre conjoint. Communiquez-lui d'une façon non verbale votre besoin d'attention en vous rappelant le comportement de votre animal que vous avez noté à l'étape 1. Allez-y doucement et observez sa réaction.*

3. *Laissez ensuite votre partenaire vous communiquer à son tour ce qu'il ou elle désire sans recourir à la parole. Continuez ainsi à tour de rôle et voyez qui sera le premier à déchiffrer le message.*

4. *Communiquez à votre partenaire, toujours en silence, combien vous l'appréciez. Laissez-le en faire autant.*

5. *Exprimez maintenant à voix haute vos messages non verbaux. Ont-ils été correctement interprétés ?*

6. *Pour terminer, partagez ce que vous avez tous les deux ressenti au cours de cet exercice. N'oubliez pas d'exprimer votre appréciation* *pour l'attention que vous vous êtes mutuellement accordée. Prenez un rendez-vous pour refaire cet exercice dans un proche avenir. Entre-temps, continuez d'observer votre animal pour trouver de nouvelles façons de communiquer d'une façon non verbale.*

Cet exercice peut s'avérer une expérience enrichissante ; vous prendrez plaisir à vous inspirer du comportement de votre animal. Les animaux ont un talent inné pour réclamer de l'affection. En suivant leur exemple, un couple qui a de la difficulté à communiquer pourra enrichir sa relation.

LE DÉFI DU CHANGEMENT ET LE BESOIN DE CONFIANCE MUTUELLE

La relation la plus satisfaisante est celle qui est basée sur une association qui enrichit les deux partenaires et encourage leur croissance et leur évolution personnelles. Briser la routine peut s'avérer stimulant ; mais cela peut aussi engendrer de l'inquiétude et de l'anxiété au sein d'un couple. Si les deux partenaires ne possèdent pas un solide sens de leur valeur personnelle, ils seront peut-être forcés de réévaluer leur relation. Dans certains cas, la nouvelle direction à prendre risque de se traduire par un divorce ou une séparation. Mais pour d'autres, c'est tout le contraire. Des partenaires assez flexibles pour respecter l'évolution personnelle de l'autre peuvent connaître un regain d'amour et de confiance. L'expérience n'est pas toujours facile mais, avec de la persévérance, elle peut consolider la relation.

Notre animal de compagnie nous offre un parfait exemple de loyauté et de confiance. Jamais son affection ne fait défaut en dépit des nombreux changements de la vie familiale : la rentrée des classes, les déménagements, les voyages, les nouvelles carrières ou l'intensification de notre vie sociale. Sa confiance est inébranlable !

Maintenir le statu quo

Il arrive parfois que des conjoints refusent de s'accorder mutuellement l'occasion d'évoluer parce qu'ils y voient une menace pour leur relation. Lorsqu'une personne se sent menacée, elle s'accroche généralement aux habitudes et aux comportements prévisibles. Dans un mariage, cette routine peut s'avérer désuète et restrictive et avoir besoin d'être assouplie. Si un des conjoints décide de se lancer dans une nouvelle activité, cela ne veut pas forcément dire qu'il va laisser tomber son mariage. Cependant, sa décision peut susciter de l'inquiétude chez son partenaire et donner lieu à de vives protestations de sa part.

Ce fut justement le cas de Marianne et de Gary, mariés depuis cinq ans. Chacun en était à son second mariage et ils avaient investi beaucoup d'eux-mêmes pour que cela marche. Marianne était agente immobilière et avait très bien réussi. Elle venait même d'être nommée « agent de l'année » par son association. Gary était vice-président d'une importante entreprise d'ingénierie où il était chargé des finances. Puis un jour, un ami lui proposa de monter un nouveau bureau de consultation. Marianne s'opposa au projet, alléguant qu'ils ne pouvaient pas prendre de tels risques financiers et que Gary finirait par consacrer trop de temps au travail. Elle fit tout son possible pour le persuader de s'en tenir au poste qu'il occupait alors. Le conflit était loin d'être résolu lorsqu'ils entreprirent leur thérapie.

« Gary n'a pas la personnalité qu'il faut pour diriger sa propre entreprise. Il excelle dans le cadre d'une entreprise, mais il a du mal à prendre des décisions. Il me laisse toujours prendre les décisions qui nous concernent tous les deux. Par exemple, c'est toujours moi qui choisis l'endroit où nous allons passer nos vacances. Comme changement de carrière, il n'y a pas plus insensé. Et de plus, si cela ne marchait pas comme il le souhaite, toutes nos économies serviraient à payer la pension alimentaire de ses enfants. »

Marianne fit une pause théâtrale, espérant avoir réussi à persuader Gary de l'absurdité de son projet. Cela sautait aux yeux qu'elle se sentait menacée par le changement envisagé, mais restait à savoir *pourquoi*. Gary caressait Lorelei, attendant patiemment que sa femme ait terminé d'exprimer ses craintes.

Puis, il se tourna vers moi et se mit à expliquer les risques financiers et les autres aléas de ce projet. Il était conscient qu'au départ, il faudrait se serrer la ceinture, mais il était persuadé qu'à long terme, ce changement leur serait bénéfique à tous les deux. Marianne n'avait aucune envie d'entendre son analyse détaillée de la situation et son argumentation calme et logique.

À mesure que la séance évoluait, je sentis que ce que Marianne craignait le plus, c'était de voir changer la nature de leur relation. Certes, elle appréhendait une baisse de leur niveau de vie, mais elle avait surtout peur que Gary ne soit plus aussi dépendant d'elle sur le plan affectif. Elle avait beau se plaindre de son indécision, elle s'était habituée à prendre les décisions elle-même et à prendre les choses en main. Elle savait que Gary s'en remettait à son jugement et craignait que cette confiance ne s'évanouisse. C'est une façon pour elle de connaître la sécurité affective dans leur relation. Elle avait maintenant besoin de se sentir aimée.

En explorant leurs émotions, Gary et Marianne convinrent tous les deux qu'ils avaient besoin de travailler sur eux-mêmes. Gary devait éviter de dépendre exclusivement de son côté rationnel et flegmatique. Je lui suggérai de se servir de la zoothérapie pour apprendre à se détendre et à donner libre cours à son entrain naturel. L'exercice qu'il devait faire consistait à s'amuser avec Seabiscuit, son golden retriever. Pour leur coup d'essai, ils allèrent à la plage jouer au frisbee et se rouler dans le sable. Seabiscuit incitait Gary à se montrer à la fois énergique et loufoque. Ces moments passés à courir et à jouer avec son chien s'avérèrent très salutaires à Gary.

De son côté, Marianne devait comprendre l'enthousiasme de Gary pour son nouveau projet. Mais pour y arriver, elle devait d'abord explorer son insécurité affective. Les efforts qu'elle avait déployés pour exceller dans son travail, conjugués à l'échec de son premier mariage, lui avaient donné une allure extérieure agressive qui masquait sa vulnérabilité. Elle semblait ne pas reconnaître que Gary appréciait chez elle bien plus que son côté fiable et son sens de l'initiative. Elle s'efforçait de toujours se montrer à la hauteur de ses propres critères d'excellence, non consciente du fait que Gary l'aimait telle qu'elle était. Il avait assez de maturité pour savoir que personne n'est parfait. Marianne n'avait donc pas besoin de réclamer avec autant de véhémence le statu quo dans leur relation. Elle se sentit bientôt assez forte pour exprimer ses «faiblesses» à Gary, ce qui encouragea celui-ci à confier à son épouse ses sentiments les plus profonds. Il démarra sa nouvelle entreprise avec enthousiasme et les deux s'en portèrent à merveille.

La jalousie ou la confiance

Il n'est pas rare dans un couple que l'un des partenaires devienne jaloux de l'évolution ou des succès de l'autre. En pareil cas, les deux doivent apprendre à s'exprimer leurs peurs et leurs désirs cachés. Norm et Janice, âgés respectivement de vingt-neuf et de vingt-sept ans, me consultèrent pour résoudre leurs problèmes conjugaux. Cela faisait deux ans qu'ils étaient mariés. Ils étaient tous deux passionnés de tennis et avaient décidé d'attendre quelque temps avant d'avoir des enfants. Le seul être qui dépendait d'eux était un chat appelé Oliver. Lorsque la firme d'avocats où Norm travaillait commença à l'envoyer à l'extérieur pour travailler sur des dossiers, Janice se mit à critiquer et à avoir des sautes d'humeur. Les absences répétées de son mari la contrariaient.

Elle travaillait comme acheteuse de prêt-à-porter féminin et ses affaires étaient en baisse. Tentée de vivre une aventure avec son directeur des ventes, elle décida sagement que son mariage passait en premier.

Au cours de leur première visite, Janice parla presque sans interruption. Elle avoua à Norm qu'elle était jalouse de ses déplacements et avait même pensé à se trouver un amant. Elle lui décrivit les moments d'angoisse qu'elle passait à s'imaginer son mari au lit avec une jolie collègue de travail. Janice était gênée de confier ses fantasmes, mais elle était assez désespérée pour les lui avouer. Norm l'écouta sans souffler mot. Il souffrait lui aussi de passer autant de temps à l'extérieur et craignait en son for intérieur que sa femme le trompe. Ni l'un ni l'autre ne s'étaient sentis assez à l'aise pour parler de leurs peurs et de leur sentiment d'insécurité, craignant que le fait d'en parler ne donne des idées à l'autre. Au cours des semaines suivantes, ils firent des exercices d'écoute, seuls avec leur chat puis ensemble, affrontant leurs peurs et leur sentiment de vulnérabilité. En s'ouvrant ainsi, ils consolidèrent leur confiance l'un envers l'autre.

COMMENT CONSOLIDER SON ENGAGEMENT EN CULTIVANT LA CONFIANCE MUTUELLE

L'ouverture à l'autre permet aux partenaires de consolider leur engagement l'un envers l'autre. Les changements peuvent enrichir leur relation, mais pour cela, ils doivent développer une confiance mutuelle. L'animal de compagnie est un modèle de confiance instinctive. En observant l'affection inconditionnelle qu'il nous porte, nous pouvons apprendre à développer ce même type de confiance en notre partenaire.

La confiance, un sentiment qui se développe

Voici quelques suggestions qui vous aideront à contribuer à l'évolution de votre union et à accroître la confiance mutuelle durant les périodes de changement.

1. Souvenez-vous qu'il est tout à fait naturel que vous évoluiez à des moments et à des rythmes différents, vous et votre partenaire.

2. Ne présumez pas que l'enthousiasme de votre partenaire pour un nouveau projet dénote une insuffisance de votre part. Vous ne pouvez pas être tout pour l'autre.

3. Si vous avez du mal à accepter les changements qui surviennent dans votre vie de couple, refaites la première partie de l'exercice n°11 : *Apprendre à écouter son partenaire*. Après avoir clarifié vos besoins, passez à la seconde partie et partagez vos pensées avec votre partenaire.

4. Prenez le temps d'exprimer ce que vous ressentez face à ces changements. Réitérez votre engagement l'un envers l'autre.

5. Servez-vous des expériences et des sentiments auxquels ce conflit a donné lieu pour renforcer votre confiance et votre engagement.

6. Prenez conscience que vous avez vous aussi l'occasion de contribuer à l'évolution de votre union. Plus vous apporterez à votre relation, plus celle-ci s'enrichira.

RÉSUMÉ

Au début d'une relation, les partenaires apprécient pleinement leurs points communs. Plus tard, des conflits surgissent lorsqu'ils commencent à ne plus s'entendre sur certaines valeurs. La plupart du temps, ces différends ont rapport à leur rôle au sein du ménage, à leur emploi du temps, à la belle-famille, à la sexualité, aux exigences professionnelles ou aux enfants. Les responsabilités extérieures peuvent finir par susciter un sentiment d'insécurité ou de rejet chez l'un des conjoints. Les petites disputes n'ont pas besoin de dégénérer en conflits majeurs. Lorsque l'un des partenaires vit un changement, il a besoin de l'attention et de la tendresse de l'autre. L'écoute empathique aide les deux conjoints à rester ouverts l'un à l'autre pendant ces périodes de stress. La zoothérapie s'avère un outil précieux pour résoudre de tels conflits. En effet, un animal peut alléger l'atmosphère et fournir au couple de multiples occasions de se détendre, ce qui l'aide à aborder ses problèmes d'une façon rationnelle. Par sa façon d'être, il peut nous apprendre à exprimer nos besoins. Il peut aussi avoir un rôle à jouer dans la décision d'avoir des enfants. En somme, les deux facteurs essentiels dans le maintien d'une union stable et heureuse sont une confiance indéfectible et un engagement l'un envers l'autre. Les deux partenaires doivent travailler ensemble à atteindre cette harmonie et peuvent recourir à l'aide d'un animal thérapeute dans les moments cruciaux.

5

LE RÔLE DE L'ANIMAL DANS L'ÉDUCATION D'UN ENFANT

Enfants et animaux vont de pair. D'après une enquête menée aux États-Unis, plus de la moitié des foyers américains possèdent un ou plusieurs animaux de compagnie. Leur présence égaie leurs maîtres, les encourage à faire de l'exercice et leur procure sécurité et protection. Les animaux apprennent aux enfants le respect de la vie et leur offrent l'occasion d'aimer et d'être aimés. Selon le vétérinaire britannique Bruce Fogle, l'animal est une sorte de fenêtre ouverte pour la famille; autrement dit, il sert de lien vital dans les rapports familiaux (Voir *Notes*, n° 3). Ce rapport est d'autant plus important que le noyau familial traditionnel a changé radicalement depuis la fin des années soixante. La famille typique ne se compose plus de deux parents et de deux enfants. Il existe maintenant des milliers de familles américaines monoparentales.

Les animaux peuvent aider l'enfant dans son développement. Si l'occasion lui est offerte, l'enfant acquerra de l'assurance et une meilleure maîtrise de lui-même en compagnie d'un animal. Il bénéficiera de son soutien à chaque étape de sa croissance. Par exemple, un animal peut encourager un tout-petit à explorer son environnement et à libérer son énergie en jouant. Il peut aider un enfant d'âge scolaire à établir des contacts avec d'autres enfants et, par là même, à développer son aptitude à communiquer et à apprendre. En l'acceptant inconditionnellement, l'animal aidera l'enfant à accroître son estime de soi. Il a été démontré que les enfants et les adolescents se confient à leurs animaux et pensent que ceux-ci sont sensibles à leurs sentiments. Comme nous le verrons, un lien affectueux durable entre l'enfant et l'animal permettra à ce dernier d'agir officieusement comme thérapeute. L'animal est un ami et un compagnon toujours disponible. Son amour empathique sera d'un grand soutien pour l'enfant esseulé et timide. La charge d'un animal inculquera à l'enfant le sens des responsabilités et l'aidera à développer l'autodiscipline, sa concentration et son aisance en société. Les animaux de compagnie favorisent aussi la créativité. Ainsi, ils contribuent à l'éducation de l'enfant et l'aident à s'épanouir.

Les recherches confirment l'importance du rapport entre l'enfant et l'animal

En 1968, Boris Levinson, un pionnier de l'étude des liens entre les enfants et les animaux, confirma l'efficacité de la zoothérapie chez les enfants souffrant de troubles émotifs[21]. Au cours de ses recherches, Levinson constata que l'enfant est sensible à l'acceptation des animaux et à leur dépendance. C'est pourquoi la présence d'un animal le sécurise et l'encourage à exprimer des sentiments qu'il n'avait jusqu'alors jamais pu confier à ses thérapeutes. Levinson découvrit également que non seulement les animaux agissent comme thérapeutes, mais que leur constance contribue à réduire les problèmes émotionnels chez l'enfant.

Dans un de ses ouvrages [22], le psychologue pour enfants Lee Salk montre que les animaux traitent fort bien les enfants. Ils ne les réprimandent pas, ne les harcèlent pas et n'exigent pas qu'ils rangent leur chambre. Ils les aiment et les respectent, tout simplement.

En 1984, le magazine *Psychology Today* mena une enquête sur la relation entre les animaux de compagnie et les humains. Il reçut 13,000 réponses : presque toutes les personnes interrogées confirmèrent l'importance des animaux dans le développement personnel et social de l'enfant et conseillèrent vivement la présence d'un animal dans la maison. Ces opinions se fondaient en grande partie sur les points suivants : (1) les animaux sont de bons compagnons et égayent leur entourage, (2) les animaux apprennent la douceur, (3) les animaux initient à la responsabilité. Sur dix personnes interrogées, sept pensaient que la charge d'un animal aide à mieux comprendre les responsabilités parentales [23].

En tant que psychologue, j'ai assisté d'innombrables familles dans leur thérapie et j'ai également animé des ateliers destinés à faire saisir aux parents le rôle joué par l'animal de compagnie dans la vie d'un enfant. Les recherches et les interviews que j'ai menées ont toutes démontré que les animaux et les enfants entretiennent un rapport privilégié qui aide ces derniers à se développer sainement. Dès l'instant où l'enfant rencontre un animal, celui-ci peut devenir son maître, son ami et même son thérapeute.

LA RENCONTRE ENTRE L'ENFANT ET L'ANIMAL

Le premier contact entre le nouveau-né et l'animal de la famille marque le début d'une relation féconde. Il est essentiel de bien planifier les choses, car la rivalité entre frères et sœurs ne se limite pas aux enfants. Si vous avez un chien ou un chat qui jouissait jusqu'alors de l'exclusivité, il se peut qu'il devienne jaloux. Afin d'éviter ce problème, inspirez-vous des directives suivantes pour faciliter le premier contact entre le bébé et l'animal.

Comment faciliter le contact entre l'animal et le nouveau-né

1. Avant la naissance de l'enfant, habituez votre chien ou votre chat à la présence d'enfants de tous âges et en particulier des nourrissons.

2. Habituez-le aux pleurs des bébés. Si vous ne connaissez pas de jeunes enfants qui puissent vous rendre visite, tâchez de vous procurer une cassette et faites-la écouter à votre animal.

3. Accoutumez votre chien ou votre chat à toutes sortes d'objets pour bébés: vêtements, jouets – particulièrement les jouets bruyants –, etc.

4. Familiarisez l'animal avec les odeurs du bébé. Emmenez-le dans la chambre de l'enfant pour qu'il puisse sentir la poudre, les meubles, etc. Avant l'arrivée du bébé, vous pourriez rapporter une couche sale à la maison pour qu'il puisse s'habituer à cette odeur.

5. Corrigez tout de suite ses écarts de conduite (par exemple lorsqu'il saute sur les gens ou vous ignore quand vous lui ordonnez de se coucher).

6. Faites des provisions de jouets et de gâteries que vous offrirez à votre animal au cours des premières semaines.

7. Soyez patient avec lui. Certains animaux, comme certains frères ou sœurs aînés, régressent à l'arrivée d'un enfant dans la famille et doivent être entraînés de nouveau à la propreté. Vous en viendrez à bout avec un peu de patience.

8. Installez le berceau du bébé avant sa naissance et apprenez à votre chat à ne pas s'y coucher. Chaque fois qu'il essaiera d'y grimper, arrosez-le avec un pistolet à eau. (Si vous ne voulez pas que le chat dorme avec votre bébé, habituez-le dès maintenant à ne plus dormir avec les enfants.)

9. Ne laissez jamais votre animal et votre bébé seuls. Une présence constante assurera les rapports harmonieux entre les deux nouveaux amis et votre tranquillité d'esprit.

Puis arrive le grand jour! Bien entendu, chacun a sa façon d'aborder la situation; voici toutefois quelques méthodes utilisées avec succès par d'autres parents pour faire les présentations. Dans un des cas, le père est entré avec le nouveau-né dans ses bras au retour de l'hôpital tandis que la mère prenait quelques minutes pour jouer avec le chien et lui donner une gâterie. Une autre mère a présenté à son caniche le bébé qu'elle avait couché sur un divan. Elle l'a laissé renifler les pieds et les mains du nouveau-né, sans toutefois lui permettre de s'approcher de son visage. Au début, le chien se montra perplexe, mais au bout de quelques jours, il s'était habitué à son nouvel ami. Le bébé était ravi lorsque le chien lui léchait les pieds; il se mettait à rire et lui tendait les bras. Un autre couple s'aperçut que leur labrador retriever réclamait plus d'attention après l'arrivée du nouveau bébé. C'est comme s'ils avaient eu un deuxième enfant. Le père dut passer plus de temps à jouer dehors avec le chien et à s'occuper de lui avant que les choses ne se placent. Dans un autre cas, il fallut que le chat de la maison, un abyssinien qui était « enfant unique » depuis plusieurs années, s'habitue au nouveau-né. Comme la mère élevait son enfant seule, il était essentiel que les deux s'accordent. À cette fin, celle-ci prit soin de caresser le chat chaque fois qu'elle tenait le bébé dans ses bras. Le chat devint fasciné par le petit; il allait même la chercher lorsque celui-ci se mettait à pleurer! Ces rapports eurent un heureux départ grâce à la circonspection des parents.

L'adoption d'un animal

Si votre famille est prête à assumer la responsabilité d'un animal, il serait bon de tenir compte des points suivants. L'adoption d'un animal se compare à l'arrivée d'un nouveau membre dans la famille (bébé, beau-parent, etc.). Une bonne préparation et la participation de chaque membre de la famille peuvent transformer une situation potentiellement négative en une expérience heureuse et enrichissante. Il y a plusieurs étapes à respecter pour réussir l'intégration d'un animal dans la famille.

Chaque membre de la famille devrait participer au choix de l'animal. Une réunion de famille est le moyen idéal pour arriver à un choix démocratique. (Souvent, on fait son choix à la va-vite, sans prendre en considération le sexe de l'animal, sa race ou les soins qu'il exige, ce qui peut entraîner des problèmes tant pour l'animal que pour ses maîtres). La réunion de famille incite également les enfants à s'acquitter de leur part de responsabilité et prévient le dépit ou la rancœur que pourrait susciter un choix qui ne corresponde pas à leur désir.

Voici un exemple des heureux résultats d'une prise de décision démocratique. Tracy, âgée de dix ans, avait appris que la chienne du voisin, un basset, allait mettre bas. Bien entendu, elle voulait adopter un des chiots. Elle savait que son père n'était pas favorable à l'adoption d'un nouvel animal. Ils avaient déjà un chat et son père avait déclaré à plusieurs reprises que cela suffisait bien. Tracy en fit tout de même la demande à sa mère qui eut la sagesse de lui proposer de tenir une réunion familiale au cours de laquelle elle pourrait défendre son point. Elle encouragea sa fille à bien se préparer, car le père n'allait pas être facile à convaincre. Tracy se rendit à la bibliothèque et recueillit des informations sur le basset et le coût des soins à lui prodiguer. Elle présenta tous ses arguments lors de la réunion, ainsi qu'une pétition en faveur de l'adoption d'un animal qu'elle avait elle-même rédigée. (Voir page suivante.) Le père de Tracy fut impressionné par la maturité dont sa fille faisait preuve. Il finit par voter pour, et Tracy put adopter le chiot.

Le choix de l'animal dépend du style de vie de la famille et fait partie de l'apprentissage. Chaque membre de la famille peut avoir sa propre préférence. Discutez-en. Une bonne discussion encourage l'ouverture et la communication. Si vos enfants sont encore d'âge préscolaire, il sera préférable d'adopter un chien calme et facile à vivre plutôt qu'un chien agité. Si vous avez un enfant en bas âge, il n'est pas recommandé d'adopter un chat de moins de quatre mois qui vous obligerait à partager votre attention entre l'animal et l'enfant, ce qui risquerait d'engendrer de la rancœur. Si la famille opte pour un chat, les enfants auront la chance de se familiariser avec l'esprit indépendant du félin. En outre, les soins sont beaucoup plus faciles à assumer. Si vous optez pour un chien, chaque membre de la famille devra s'en occuper plus activement et participer à son dressage.

Le jour où vous accueillez votre animal à la maison, veillez à ce que vos enfants l'aident à s'adapter à son nouvel environnement. Demandez-leur de lui choisir un coin bien à lui. (Il est aussi important pour l'animal d'avoir son espace que pour l'enfant d'avoir sa chambre.) Un chat aura besoin d'un poteau sur lequel il pourra faire ses griffes. Peut-être aussi voudra-t-il dormir dans un endroit élevé. Un chien aura besoin d'un coin pour dormir.

La première visite chez le vétérinaire est aussi importante pour votre enfant qu'elle l'est pour votre animal. L'expérience sera enrichissante. Choisissez un vétérinaire patient qui comprend non seulement les besoins de l'animal, mais aussi la curiosité de votre enfant. Si les visites chez le vétérinaire se déroulent dans le calme, votre enfant ne sera pas effrayé, mais stimulé par l'expérience.

Si le partage des soins pose un problème, réunissez-vous à nouveau. Bien que les responsabilités dont vous avez convenu doivent être respectées dans la mesure du possible, il est néanmoins important de faire preuve de souplesse quand il y a conflit entre les soins à prodiguer et les études ou les activités parascolaires de votre enfant. Les compromis et la réorganisation font partie de la vie.

Pétition en faveur de l'adoption d'un animal

Voici un modèle de pétition pour l'adoption d'un animal. Peut-être voudrez-vous vous en inspirer pour conclure un accord concernant le partage des soins à prodiguer à votre animal.

Je, _____, demande que notre famille considère l'adoption d'un _____ (chien/chat/autre animal). Je demande la permission de prendre une part active au choix de cet animal, au choix de son nom et aux soins à lui prodiguer. Je propose de lui donner à manger (tels jours) _____, à (telle heure) _____. Je m'engage à lui faire faire de l'exercice et à jouer dehors avec lui tous les jours. Je demande aussi à participer à son dressage. J'aurais toutefois besoin de l'aide des autres membres de la famille pour les tâches suivantes : _____

Nous en avons discuté et ils ont accepté de m'aider.

Ce contrat sera révisé toutes les semaines au cours du premier mois, après quoi je me réserve le droit de le rédiger à nouveau. Si ce contrat n'est pas respecté, nous en discuterons en famille et prendrons les mesures nécessaires.

Signature du pétitionnaire _____

Accord des autres membres de la famille _____

_____

Date _____

Mise en garde concernant les animaux étrangers

Il importe que les parents apprennent à leurs enfants à se comporter prudemment lorsqu'ils sont en présence d'un animal qui ne leur est pas familier. Tant que votre enfant n'a pas acquis l'expérience nécessaire ou la capacité de juger de la façon d'approcher un animal étranger, il serait bon de suivre les quelques directives suivantes afin d'éviter les problèmes :

1. Votre enfant ne devrait jamais s'approcher d'un animal étranger quand il n'est pas sous votre surveillance.

2. Votre enfant ne devrait jamais essayer de séparer deux animaux qui se battent, même si l'un d'entre eux est son propre animal.

3. Apprenez à votre enfant à tendre la paume de la main lorsqu'il rencontre un nouveau chien. Ce simple geste indique au chien que l'enfant est amical et n'est pas à craindre.

4. Les enfants ne devraient jamais s'approcher d'un animal étranger lorsque celui-ci est en train de manger ou de dormir.

En prenant les précautions nécessaires pour parer aux problèmes qui peuvent se présenter, vous évitez une expérience négative qui risque d'affecter le rapport entre votre enfant et ses propres animaux.

COMMENT VOTRE ANIMAL PEUT AIDER À RÉSOUDRE LA RIVALITÉ ENTRE FRÈRES ET SŒURS

Souvent, les premiers signes de jalousie se font sentir chez un enfant à l'arrivée d'un frère ou d'une sœur. Ce sentiment douloureux peut être minimisé grâce à une préparation adéquate. Il va sans dire que l'enfant qui se fait «voler» sa place aura besoin d'une attention particulière; votre animal peut vous aider à la lui procurer. Si vous avez déjà un animal, prenez-le comme exemple pour discuter avec votre enfant de la jalousie que l'animal peut ressentir depuis la naissance du bébé, en prenant soin de bien décrire les sentiments que votre enfant peut éprouver. Si vous n'avez pas d'animal, ce serait peut-être le bon moment d'en adopter un. Si votre enfant est à l'âge où il peut prendre des responsabilités, l'adoption d'un animal avant la naissance du bébé aidera à atténuer le sentiment de jalousie qu'il risque de ressentir. Confiez-lui une bonne part de responsabilité pour les soins à prodiguer à l'animal. Non seulement apprendra-t-il ainsi à bien s'occuper de son animal, mais il apprendra aussi indirectement à reconnaître les besoins du bébé.

Après l'arrivée du nouveau-né, l'animal sera là pour prodiguer son affection et son attention à l'aîné. Il arrive parfois qu'après la naissance d'un nouvel enfant, l'aîné devienne plus dépendant. Il est fort possible qu'il développe alors une relation plus intime avec l'animal et passe plus de temps à se confier à lui et à jouer avec lui.

C'est ce que vécut Ellen, une fillette de sept ans. Quand sa mère lui annonça qu'un nouveau bébé allait bientôt se joindre à la famille, elle fut ravie. Ses parents l'encouragèrent à participer aux préparatifs. Elle n'avait jamais été proche de leur berger shetlandais, mais après la naissance de son petit frère, sa mère remarqua un changement soudain dans leur rapport. Une fois passé l'enthousiasme des premiers jours, Ellen réalisa qu'elle n'était plus enfant unique et rechercha auprès du chien l'affection et l'attention dont elle avait tant besoin. Le chien lui rendit bien ses attentions. La mère d'Ellen fut surprise et touchée de l'entendre même un jour expliquer au chien qu'ils ne devaient pas s'attrister du manque d'attention parce que le bébé en avait plus besoin qu'eux. La présence du chien réconforta et sécurisa Ellen au cours de cette période de transition.

Si la situation inverse se présente et que votre cadet se montre jaloux de ses aînés, la présence d'un animal peut également atténuer ces sentiments douloureux. Un jeune enfant est tout aussi capable que son aîné de bien s'occuper d'un animal et ceci les mettra sur un pied d'égalité.

Comment atténuer la rivalité entre frères et sœurs

Voici quelques suggestions qui vous aideront à minimiser la rivalité entre vos enfants.

1. Si votre enfant est troublé par l'arrivée d'un nouveau-né, accordez-lui une attention toute particulière. Aidez-le à se trouver un nouveau passe-temps qui lui permettra de mettre ses talents à profit. Accordez-lui des privilèges supplémentaires, tels que le droit de se coucher plus tard.

2. Si votre enfant exprime des sentiments négatifs, encouragez-le à décrire ces sentiments et prêtez attention à ce qu'il vous dit.

3. Évitez de comparer vos enfants; encouragez plutôt le caractère unique de chacun.

4. Distinguez leurs affaires personnelles et même leurs animaux. Dans la mesure du possible, il est souhaitable que chacun ait son propre animal (chien, chat, poisson, lézard ou autre).

5. Séparez-les lorsqu'ils se bagarrent et n'essayez pas de trouver le coupable. Dites-leur que vous avez confiance qu'ils réussiront à résoudre leur conflit, mais faites-leur savoir sans ambiguïté quels comportements vous jugez inacceptables. Suggérez-leur de confier leur problème à leur animal. Une fois que le différend a été mis au grand jour, il est souvent plus facile de résoudre le problème.

L'ANIMAL ET L'ENFANT D'ÂGE PRÉSCOLAIRE

Un animal peut être d'un grand soutien pour l'enfant d'âge préscolaire. C'est là une période excitante où l'enfant commence à explorer et à découvrir son environnement toujours en expansion. En l'encourageant à jouer avec un animal affectueux et compréhensif, vous l'aiderez à élargir ses horizons. L'animal lui permettra de connaître l'expérience de rapports positifs. En le touchant et en lui parlant, l'enfant développera des sentiments de sécurité, de chaleur et d'amour qui sont essentiels à cet âge. Les animaux incitent également l'enfant à bouger. En effet, les bébés suivent souvent des yeux les gestes du chat, puis essaient de les imiter. La présence d'un animal est particulièrement utile lorsqu'un enfant se met à se traîner à quatre pattes, puis à marcher.

Une mère m'a décrit la joie que son terrier avait procurée à son fils Rick, âgé de deux ans, et la façon dont il l'avait aidé dans l'apprentissage du langage. Le garçonnet aimait « parler » au chien pendant le petit-déjeuner et, bien entendu, le chien lui « répondait ». Rick apprit son premier mot, *ouah*, en écoutant son chien aboyer. Tout jeune bébé, il se servait aussi du chien pour développer son sens du toucher ; il se blottissait contre lui jusqu'à ce que tous les deux s'endorment heureux. Une autre mère m'a raconté comment son enfant avait fait ses premiers pas avec l'aide de leur golden retriever. L'enfant s'agrippait doucement au pelage du chien et se hissait sur ses pieds ; puis, ensemble, ils avançaient prudemment à travers la maison.

Les animaux sont d'excellents maîtres pour initier l'enfant à la vie sociale et lui inculquer des qualités telles que la gentillesse et le respect d'autrui. Expliquez à votre enfant que toutes les créatures vivantes méritent notre respect et établissez des règles claires. Commencez par lui apprendre à ne jamais faire de mal à votre animal. En ayant des consignes précises concernant son rapport avec son propre animal, votre jeune enfant acquerra un sentiment de sécurité. Cependant, vers l'âge de deux ans, il se peut qu'il tente de transgresser ces règles. Si tel est le cas, rappelez-lui simplement quelles sont les limites à ne pas dépasser et encouragez-le à parler gentiment à l'animal. Ceci l'aidera à acquérir de l'empathie et à parfaire son langage. (La plupart des enfants, tout comme les adultes, croient que leurs animaux comprennent ce qu'ils disent.) Cette empathie aidera l'enfant d'âge préscolaire à bien se comporter avec les autres.

Sunny, une fillette de deux ans et demi, dut apprendre à se montrer plus douce avec son labrador retriever. Une fois qu'elle eut appris à marcher, elle commença à le rudoyer, à lui tirer la queue et les oreilles. Dès que sa mère s'en aperçut, elle l'incita à agir avec plus de douceur. Après quelques rappels discrets, Sunny cessa de harceler le chien et se vanta même d'avoir appris à être gentille.

Le père de Matti avait toujours eu des chiens depuis sa plus tendre enfance et voulait que sa fille puisse profiter d'une expérience semblable. Il lui apprit dès l'âge de cinq ans à observer le chien de la famille et à saisir ce qu'il ressentait par les sons qu'il émettait et par son comportement. La fillette eut ainsi la chance de s'initier dès son jeune âge à une forme de communication non verbale.

Âgée de deux ans, Jill avait passé toute sa vie avec les deux doberman pinscher de la maison. Lorsqu'elle se mit, comme tous les enfants de son âge, à avoir peur des monstres, des bruits intenses et des visages inconnus, elle trouva auprès de ses chiens un sentiment de sécurité. Maintenant âgée de trois ans, elle affirme que ses chiens sont ses sœurs et va rendre visite aux animaux du quartier avec eux. Selon sa mère, le rapport étroit qu'elle entretient avec ses chiens l'a aidée à surmonter ses peurs, tout en lui apprenant à respecter tous les êtres vivants. Celle-ci croit également que les chiens ont aidé sa fillette dans son apprentissage du langage.

Les animaux peuvent aussi apprendre la patience aux jeunes enfants. Coleman, un turbulent garçon de quatre ans, reçut une tortue comme cadeau d'anniversaire. Bien entendu, à l'heure du repas, la tortue mettait une éternité à venir chercher la nourriture que Coleman lui offrait! Il se mettait alors à taper du pied et à perdre patience; mais, petit à petit, il commença à comprendre le rythme naturel de la tortue. De l'avis de sa mère, ce fut là sa première leçon de patience.

Un jeune enfant projette souvent l'amour et la sécurité qu'il reçoit de sa mère sur ses animaux en peluche (et particulièrement sur son nounours). Mais il est également très bénéfique pour l'enfant de projeter cet amour sur un animal, car celui-ci le sécurisera en l'absence des parents et lui prodiguera toute son attention et son affection inconditionnelle. En général, un enfant traite son animal comme il est lui-même traité. Il n'est pas rare d'entendre un enfant imiter ses parents lorsqu'il s'adresse à son animal : «Vilain chat!» ou «Gentil chien!». En encourageant la formation d'un rapport intime entre votre enfant et un animal, vous l'aiderez à prendre conscience de son individualité en exprimant ses sentiments envers ses proches. Il tirera des leçons de ces émotions et pensées, et développera ainsi une estime de lui-même qui influencera ses prochaines étapes de développement.

APPRENDRE LE SENS DES RESPONSABILITÉS PAR L'INTERMÉDIAIRE DES ANIMAUX

Tous les parents que j'ai rencontrés sont soucieux d'inculquer à leurs enfants le sens des responsabilités. Le premier pas que certains font dans cette direction consiste à adopter un animal. Plusieurs parents croient en effet que la charge d'un animal inculquera automatiquement le sens des responsabilités à leur enfant. En général, cela est vrai, mais il y a des pièges dans lesquels ils doivent se garder de tomber.

Par exemple, il arrive que l'enfant, après s'être d'abord occupé avec enthousiasme de l'animal, se retire peu à peu pour en laisser toute la charge à un de ses parents. Comment expliquer ce transfert de responsabilité? Le psychologue pour enfants Haim G. Ginott croit que pour inculquer à l'enfant un sens réaliste des responsabilités, il est essentiel de lui permettre d'exprimer son opinion sur les affaires qui le touchent directement[24].

Si vous voulez que votre enfant acquière le sens des responsabilités en s'occupant d'un animal, laissez-le tout d'abord participer à sa sélection. (Voir « La rencontre entre l'enfant et l'animal » au début de ce chapitre.) En tant que parent, vous aurez sans doute vos préférences en matière de race, de prix, de taille, de frais d'entretien et de tempérament. Cependant il est important que votre enfant ait voix au chapitre. Aidez-le à recueillir des informations, des photos, de la documentation sur le sujet. Emmenez-le à des expositions de chiens ou de chats pour qu'il puisse participer en connaissance de cause au choix d'un animal pour la famille. Il apprendra ainsi, tout en s'amusant, à se sentir responsable de son animal.

Kurt, un garçonnet de cinq ans, était présent lorsque la chatte de la voisine avait mis bas et il voulait à tout prix adopter un des chatons. Avant de donner leur assentiment, ses parents abordèrent avec lui la question des soins; il devrait assumer sa part de responsabilité pour l'alimentation et le toilettage du chat. (Ses parents ne réclamèrent pas, à juste titre, qu'il soit l'unique responsable.) Sa réponse fut enthousiaste. Ses parents eurent la bonne idée de lui faire répéter ce qu'il aurait à faire pour s'occuper du chaton. Il apprit où se trouvaient la brosse et le plat du chat, ainsi que sa nourriture. Une fois par jour, il s'exerçait à ses nouvelles fonctions comme si le chat était là. On afficha un calendrier sur lequel étaient inscrits ses jours de service et ses tâches (qu'il pouvait rayer dès qu'il les avait complétées). Kurt choisit lui-même le chat (il identifia le plus docile en prenant chaque chaton dans ses bras pour voir lequel était le plus décontracté) et lui trouva un nom. Une des tâches qui lui furent confiées consistait à choisir la nourriture du chat. Il se mit donc à tester différentes marques. Il tira une grande fierté de cette responsabilité et la perspective de faire les courses, qu'il trouvait autrefois ennuyante, se mit à lui plaire. Ses parents le félicitaient pour ses efforts; lorsqu'il se dérobait à ses obligations, ils le rappelaient discrètement à l'ordre. En faisant valoir les aspects positifs de sa nouvelle tâche, ils en firent une expérience agréable et enrichissante pour tous.

Que faire pour inculquer à votre enfant le sens des responsabilités ?

Voici quelques suggestions pour apprendre à votre enfant à assumer sa part de responsabilité en ce qui a trait aux soins à prodiguer à votre animal ainsi qu'aux tâches ménagères.

1. Laissez à votre enfant le soin de choisir la tâche dont il aimerait être responsable.

2. Définissez aussi clairement que possible la tâche en question en tenant compte des capacités de l'enfant.

3. Organisez la tâche avec votre enfant afin qu'il ait le maximum de chances de bien s'en acquitter.

4. Assurez-vous qu'il sache quand effectuer son travail et qu'il puisse se rendre compte quand il a été accompli de façon satisfaisante.

5. Accordez-vous une période d'évaluation, à vous et à votre enfant. Soyez prêt à modifier la tâche si celle-ci s'avère trop difficile ou si elle est incompatible avec l'emploi du temps de l'enfant. Non seulement cette période d'évaluation sera utile en ce qui concerne les soins de l'animal, mais elle initiera aussi votre enfant à une façon de penser qui l'aidera dans ses études et dans sa vie d'adulte.

6. Surtout, ne faites pas le travail à sa place ! Si votre enfant se désintéresse peu à peu de ses responsabilités, trouvez des moyens de le motiver, ou récompensez-le chaque mois s'il s'est bien acquitté de sa tâche.

7. Félicitez-le lorsqu'il assume ses responsabilités. C'est là un point important qui aidera votre enfant à être fier de son travail.

COMMENT AIDER VOTRE ENFANT À SE SENTIR EN SÉCURITÉ

Les études menées au *Gesell Institute for Child Behavior* montrent que les enfants passent par différentes phases de peurs selon leur âge. À l'âge de deux ans, l'enfant aura peut-être peur de bruits tels que le tonnerre et le vent. Puis, à deux ans et demi, ses peurs seront souvent reliées à un changement dans la routine familiale – papa qui rentre à la maison par une autre porte ou maman qui déplace les meubles du salon. À l'âge de trois ans, il peut avoir peur de l'obscurité et des cambrioleurs. À quatre ans, la peur d'être abandonné par l'un des parents – qui s'est manifestée dans la plus tendre enfance – peut refaire surface [25].

La présence d'un animal dans la maison peut rassurer un enfant en proie à la peur. Selon les docteurs Alan Beck et Aaron Katcher, un animal domestique sécurise l'enfant et l'occupe ; ainsi celui-ci n'a-t-il pas à réclamer sans cesse la présence ou le réconfort de ses parents. Les animaux apportent de la chaleur et de la sécurité aux enfants. De plus, ils leur donnent l'occasion d'exercer leur imagination, ce qui les aide à définir leur identité et à se démarquer de leurs parents. (Voir *Notes*, n° 4.)

Julie, une fillette de quatre ans, avait du mal à s'endormir le soir parce qu'elle avait peur de faire des cauchemars. Dans l'espoir de résoudre ce problème, ses parents l'ont amenée dans un refuge pour animaux où elle se choisit un jeune terrier. Elle et son chien devinrent inséparables. Elle jouait à la poupée avec lui pendant la journée et le soir, le chien s'asseyait à ses côtés pendant que ses parents lui lisaient une histoire. La présence du chien rassurait Julie, surtout à la tombée de la nuit. Il restait auprès d'elle jusqu'à ce qu'elle s'endorme. Ainsi, sa peur des cauchemars ne tarda pas à se dissiper.

Votre animal peut aider votre enfant à surmonter ses peurs

Voici quelques façons dont votre animal peut aider votre fille ou votre fils à surmonter les peurs typiques de l'enfance :

1. Encouragez votre enfant à passer beaucoup de temps avec votre animal pour qu'ils tissent de solides liens d'affection et d'amitié. La présence de cet animal thérapeute l'aidera à surmonter ses petites peurs avant que celles-ci ne prennent des proportions inquiétantes.

2. Encouragez votre enfant à confier ses peurs à votre animal. Si vous respectez sa peur, celle-ci se dissipera plus vite. Et surtout, n'insinuez jamais que sa peur est non fondée ou puérile.

3. Rassurez-le en lui disant que lorsque vous n'êtes pas là, l'animal prendra soin de lui.

COMMENT DÉVELOPPER L'ESTIME DE SOI CHEZ VOTRE ENFANT

L'estime de soi se caractérise par la confiance en soi et la perception positive qu'on a de soi-même. Selon Dorothy Briggs[26], l'estime de soi est le facteur déterminant de la réussite ou de l'échec de la vie future de l'enfant. Pour l'acquérir, un enfant doit être convaincu qu'il est digne d'être aimé, qu'il est accepté inconditionnellement et qu'il a de la valeur. Il doit aussi reconnaître son mérite, sa compétence et sa capacité de maîtriser son environnement.

L'amour inconditionnel – c'est-à-dire libre de toutes conditions préalables – est essentiel au développement de l'estime de soi. Il est important que les parents comprennent qu'eux-mêmes et leur animal ont l'occasion d'offrir cet amour à l'enfant. Lorsqu'ils témoignent au bébé leur joie et leur intérêt, celui-ci intériorisera cette image positive et s'y appuiera pour former son image de soi. Lorsqu'ils manifestent leur enthousiasme et leur satisfaction devant les réalisations de l'enfant, celui-ci acquiert un sentiment de fierté. Ainsi, l'enfant construit le sentiment de sa valeur personnelle à partir de ce que lui communiquent ses parents. Lorsqu'il se perçoit comme capable et digne d'être aimé, il apprend à agir en conséquence. Il a foi en l'amour qu'il reçoit et en sa capacité de réussir dans la vie.

Inversement, le manque d'estime de soi résulte aussi des messages transmis par la famille. Si l'enfant est critiqué verbalement lorsqu'il fait une nouvelle expérience, s'il ne reçoit pas les messages d'amour vitaux, il se mettra à croire qu'il ne mérite pas d'être aimé et son estime de soi en souffrira. Il risque alors de devenir trop critique et exigeant envers lui-même, et d'avoir peur de vivre de nouvelles expériences. Une des meilleures façons d'offrir son amour inconditionnel à son enfant est de lui permettre de se lier à un animal.

À l'âge de cinq ans, Éric était considéré par ses parents comme un enfant anormalement renfermé. Les tests psychologiques avaient beau indiquer qu'il était extrêmement doué, ses parents s'inquiétaient néanmoins de son indifférence et de son manque de désir de communiquer avec eux et avec ses pairs. Juste avant qu'il n'entre à la maternelle, ils décidèrent de lui acheter un corgi. Comme Éric n'avait aucun ami dans le voisinage, son chien et lui devinrent amis par la force des choses. Au début, Éric lui faisait la vie dure, mais grâce aux encouragements de ses parents, il apprit à se montrer doux et gentil. Le chien récompensa son changement de comportement en lui prodiguant plus d'attention. Ils ne tardèrent pas à devenir les meilleurs amis du monde. Dès qu'Éric rentrait de l'école, il appelait son ami et ils s'amusaient ensemble comme des fous. Le garçon ne manqua pas de remarquer que son chien ne lui posait jamais de questions et n'exigeait pas qu'il lui fasse la conversation ! Il se sentait aimé sans avoir à parler. Puis, peu à peu, il se mit à se confier à son chien et à avoir de longues conversations avec lui. À la fin de son année de maternelle, il avait réussi à se détendre avec ses camarades de classe. Ce changement de comportement était directement lié à ses jeux et à ses entretiens avec son chien.

Lucie vint me consulter à l'adolescence. Elle souffrait de solitude et était renfermée. Elle n'avait aucune confiance en son aptitude à se faire des amis et plutôt que de courir le risque d'être rejetée, elle préférait s'en passer. Ses parents travaillaient tous les deux et la jeune fille passait une bonne partie de la journée seule à la maison. Je constatai tout de suite qu'elle avait une piètre estime d'elle-même. Elle devait cultiver sa confiance en soi. Mais comment ? Au cours d'une séance, elle fit quelques remarques, en passant, à propos de son chat. Elle trouvait sa présence réconfortante, mais ne savait pas comment en tirer profit. Je lui suggérai de combler son chat d'amour et d'attention. Lucie suivit mes conseils et le chat se mit à lui rendre la pareille. Elle ne tarda pas à se sentir plus en sécurité et, plus important encore, à se sentir aimée. Quand Lucie restait à la maison – parce qu'elle était malade –, son chat la réconfortait. Quand elle échouait à un examen, elle se confiait à lui. Grâce à l'amour que son chat lui témoignait, elle commença à prendre conscience de sa valeur et à se sentir mieux dans sa peau, ce qui l'aida à se faire de nouveaux amis.

Le dressage d'un chien est une activité idéale pour l'éducation d'un enfant. Celui-ci acquiert le sentiment de sa valeur personnelle en témoignant son affection à son chien et en l'éduquant. Il se sentira moins frustré de ses propres limites s'il peut, à son tour, se poser en « parent » pendant les séances de dressage. Chris, âgé de onze ans, avait toujours été un élève moyen. Le cours de dressage auquel il participa avec son jeune braque allemand fut l'une de ses premières réalisations. Le chiot était lent à apprendre mais Chris qui, par sa propre expérience scolaire, comprenait bien ce type de problème, savait exactement comment s'y prendre. Il se montrait patient et ne perdait jamais son calme. L'expérience s'avéra enrichissante pour tous les deux. À la grande satisfaction de Chris, ils finirent au deuxième rang au classement final. Le crédit pour ce travail de dressage lui fut entièrement attribué ; c'était la première fois qu'il accomplissait quelque chose d'aussi appréciable. Avec le résultat que son rendement scolaire s'en trouva amélioré.

Les enfants ont besoin de se sentir appréciés ; ils ont besoin de savoir qu'ils sont aimés inconditionnellement. Pendant leur croissance, ils ont besoin de ressentir cet amour, même s'ils éprouvent des difficultés à l'école ou ne finissent pas leur dîner, ou que leur chambre est un fouillis. Pour ne pas que s'implante en eux un manque d'estime de soi, il est essentiel de leur exprimer qu'ils méritent notre amour. Sans cette assurance, leurs rapports avec leur famille, avec leurs amis et avec leurs enseignants risquent d'en être affectés. Un animal affectueux et démonstratif peut grandement aider un enfant à acquérir le sentiment de sa valeur personnelle.

COMMENT STIMULER LA CRÉATIVITÉ

Un enfant créatif est celui qui aime innover. Il est généralement indépendant et spontané dans sa façon d'aborder les problèmes, et il est actif dans ses jeux. Il est très réceptif: il perçoit, ressent et écoute avec plus d'acuité que ses pairs. Frank Barron, qui a longuement étudié le phénomène de la créativité, soutient que les réactions que suscitent ses premières trouvailles sont déterminantes pour l'éclosion de son élan créateur[27]. Il n'existe aucune preuve démontrant que les enfants créatifs sont inadaptés ou solitaires. Au contraire, les enfants qui sont à la fois créatifs et brillants réussissent très bien et s'adaptent facilement en société. Ils prennent plaisir au sentiment de maîtrise éprouvé lorsqu'ils créent quelque chose d'eux-mêmes.

Les capacités créatives des enfants se révèlent entre l'âge de trois et de cinq ans, avant qu'ils ne soient exposés à un enseignement scolaire structuré. À cet âge, les enfants n'hésitent pas à exprimer leur originalité et se laissent moins influencer par leurs pairs que plus tard. Il est bon que les parents profitent de cette période pour encourager leur sens de l'imagination et de la fantaisie en les initiant à l'art dramatique. Les animaux sont des compagnons idéaux au cours de cette étape de leur vie.

Marcy n'avait que quatre ans lorsque sa mère remarqua son talent artistique. Sans tarder, elle mit leur terrier à contribution afin d'encourager ses impulsions créatrices. Elle lui donna de grandes feuilles de papier et un assortiment de crayons, et l'encouragea à dessiner son chien. Quand Marcy avait terminé un dessin, sa mère lui demandait de le montrer au chien. Aux yeux de Marcy, le chien appréciait chacun de ses dessins.

Une autre mère me confia que sa fille Judy avait sept ans lorsqu'elle commença à écrire et à s'intéresser à la lecture. Comme la fillette avait besoin d'un sujet d'inspiration, sa mère lui suggéra astucieusement de parler de leur chat. Judy se mit aussitôt à composer toute une série de poèmes sur le charme félin. (Un des vers de son premier poème fut « Pattes de velours et murmures de moustaches frémissantes... ») Les réactions positives de ses parents, qui étaient enchantés de ses trouvailles, renforcèrent son estime de soi.

Les enfants adorent créer en s'inspirant des choses qui leur sont chères. Il n'est donc pas étonnant que leurs premiers élans créateurs s'adressent à leurs animaux. Ils s'aventureront plus volontiers dans de nouvelles formes d'expression s'ils savent d'avance qu'ils ne seront pas jugés. Les animaux sont donc le public rêvé pour un créateur en herbe. Ils ne sont jamais trop occupés pour venir admirer une œuvre nouvelle. Ils se régalent de l'affection et de l'attention de l'enfant et lui rendent spontanément la pareille, ce qui augmente sa confiance en soi.

Danny vint me consulter à l'âge de huit ans. Sa mère était persuadée qu'il possédait des talents artistiques et s'inquiétait de le voir consacrer toutes ses heures de loisir à des activités peu créatrices, telles que la télévision et le cinéma. Elle avait fait tout son possible pour l'inciter à se trouver un passe-temps plus créatif, mais en vain; rien ne semblait l'intéresser. Nous décidâmes de trouver un passe-temps productif qui lui permettrait de donner libre cours à sa passion pour la télévision et le cinéma. Ses parents lui achetèrent une caméra super huit; en même temps, ils adoptèrent un chien et un chat. La vie de Danny changea du tout au tout. Il se mit à exprimer sa créativité en filmant ses animaux. Puis, un jour, il eut l'inspiration de créer des courts métrages avec ses animaux comme vedettes. Danny avait non seulement trouvé le parfait exutoire pour sa créativité, mais il avait également cessé de perdre son temps.

Quelques suggestions pour encourager la créativité

En tant que parents, vous devez encourager la créativité de votre enfant. Rappelez-vous les points suivants :

1. Veillez à ce que votre enfant ait suffisamment de temps libre pour trouver de nouvelles idées et les expérimenter. Respectez ses moments de solitude afin qu'il puisse cultiver son imagination.

2. Fournissez-lui le matériel nécessaire (de la pâte à modeler, de la peinture, des crayons feutres, du papier, etc.) et montrez-lui comment s'en servir.

3. Encouragez-le à s'adonner à des jeux imaginaires. Les animaux pourront y jouer un rôle important.

4. Ne jugez pas la créativité de votre enfant selon des critères d'adulte.

Les enfants créatifs sont souples, autonomes, enjoués et curieux. Ils se plaisent dans l'univers de la fantaisie et font ce qui les intéresse. Leurs parents – et leurs animaux – peuvent stimuler leur créativité et renforcer ainsi leur bien-être général et leur estime d'eux-mêmes.

VOTRE ANIMAL ET LA SENSIBILISATION À LA NAISSANCE ET À LA MORT

La présence d'un animal donne à l'enfant l'occasion de se familiariser avec les cycles de la nature. Le contact avec une chienne ou une chatte qui attend des petis lui permettra de percer le mystère de la naissance. En suivant les transformations physiques de la mère et en assistant à un accouchement, l'enfant pourra découvrir cette dimension de la vie d'une façon saine. Il en est de même pour la mort. La perte d'un animal cher apprendra à l'enfant à accepter les situations douloureuses.

Tammi, une fillette de cinq ans, était enfant unique. Elle était très proche de son caniche et n'avait pas manqué de remarquer que la chienne était devenue anormalement calme et passive. Ce comportement l'inquiéta, mais lorsqu'elle apprit que la chienne allait bientôt être maman, elle en fut ravie. Au cours des visites chez le vétérinaire, Tammi avait une foule de questions à poser. Le vétérinaire lui fit écouter les battements du cœur des chiots et prit le temps de lui expliquer comment ils allaient naître. Tammi confia à sa mère qu'en voyant la chienne mettre bas, elle s'était sentie comme une grande. Elle vit comment la chienne allaitait ses sept petits et entoura ceux-ci de soins maternels. Elle a fini par garder le plus petit de la portée. Ce fut une expérience fort enrichissante pour la fillette.

Les enfants vivent la perte de leurs animaux de façons différentes, selon leur âge et leur expérience de la séparation. Il se peut que le très jeune enfant ne regrette même pas son compagnon de jeu; l'enfant d'âge scolaire, par contre, voudra savoir pourquoi celui-ci a disparu.

Jeremy, un de mes jeunes patients, avait sept ans lorsque son chien mourut accidentellement. Après une journée de larmes, il semblait avoir bien accepté la situation. Mais au cours des semaines qui suivirent, il se mit à rêver que son chien était dans sa chambre, mais qu'il ne pouvait pas le toucher. À chaque fois, le garçon se réveillait en larmes. Ses parents réalisèrent ainsi que cette perte le troublait encore parce qu'il n'avait pas exprimé pleinement ses sentiments. Ensemble, nous avons parlé de la mort de son chien. Au bout d'un certain temps, il réussit à admettre qu'il craignait en son for intérieur que ses parents ne meurent et ne le quittent, comme son chien. Une fois qu'il eut parlé de son deuil et de son anxiété, ses cauchemars s'évanouirent.

Comment aider votre enfant à surmonter la perte d'un être cher

Tout comme l'adulte qui vit un deuil, l'enfant passe par différents stades quand son animal meurt: le déni, le chagrin, la colère, puis l'acceptation. Il se peut qu'il présente des symptômes tels que les cauchemars, l'insomnie, la colère envers ses parents (ou envers le vétérinaire) ou un sentiment de culpabilité. Si ces problèmes ne sont pas aussitôt abordés, ils risquent de s'aggraver avec le temps. Voici des activités conçues pour aider un enfant à vivre la perte d'un animal:

1. Encouragez votre enfant à exprimer ce qu'il ressent. Cela ne sera peut-être pas facile, mais il est essentiel pour sa santé qu'il se libère de sa douleur avant que celle-ci ne s'enracine trop profondément.

2. Encouragez-le à faire un dessin de l'animal ou à faire un album de photos.

3. Remémorez-vous ensemble les bons moments passés avec l'animal. Cela aidera l'enfant à faire ses adieux et à affronter cette perte d'une façon réaliste.

4. Demandez-lui de composer un poème ou d'écrire une histoire sur son animal. Cet exutoire créatif et constructif aidera l'enfant à guérir sa peine.

Lorsque l'enfant sera prêt (la longueur du deuil variera selon l'enfant), vous pourrez adopter un nouvel animal pour combler le vide laissé par le départ de son ami. Certains enfants voudront avoir un animal de la même race, mais d'une couleur différente; d'autres préféreront choisir un animal tout à fait différent. Quelle que soit la situation, ne poussez pas votre enfant à prendre une décision hâtive.

Il est difficile d'expliquer la vie et la mort à un enfant. Mais l'apprentissage de ces deux dimensions de la nature par l'intermédiaire d'un animal mettra l'enfant en contact avec la réalité et lui donnera l'occasion de partager ses émotions avec son entourage.

AIDEZ VOTRE ENFANT À AFFRONTER LE STRESS ET LA SOLITUDE

Dans ma pratique, j'ai découvert une constante dans la relation entre l'enfant et l'animal: la plupart du temps, l'animal sert de confident en période de stress, de changement ou d'isolement. Une enquête menée par le vétérinaire Thomas E. Catanzaro auprès de neuf cents couples de militaires a confirmé l'influence bénéfique de l'animal de la famille sur la santé physique et émotionnelle des enfants. Ces enfants sentent que leurs animaux comprennent leurs propos et sont sensibles à leurs humeurs, qu'ils se montrent particulièrement affectueux pendant les périodes d'anxiété et de chagrin et offrent leur soutien en période de crise, comme un divorce ou un décès [28].

Chaque enfant réagit à sa façon au changement, mais la plupart manifestent une certaine forme d'anxiété ou de stress quand ils vivent une transition. Certains deviendront très dépendants de leurs parents pour combler leur besoin de sécurité; d'autres présenteront des problèmes de comportement. Pendant les périodes de transition ou de stress, l'animal de la famille, par sa présence affectueuse et indéfectible, soulagera l'inquiétude de l'enfant.

Lors d'un déménagement, par exemple, la présence d'un animal peut s'avérer réconfortante. Le jeune enfant d'âge préscolaire ne comprend pas pourquoi il doit quitter son environnement familier. Il lui est difficile d'exprimer ses sentiments face à un tel bouleversement. Son animal, qui est proche de lui, l'aidera à retrouver un sentiment de sécurité et lui donnera la chance d'avoir un contact physique avec un ami à qui il peut se confier. (Afin de prévenir des problèmes à long terme, il importe que l'enfant reçoive une attention particulière de la part de ses parents et de son animal.)

Chez l'enfant d'âge scolaire, un déplacement pose aussi des difficultés. Quitter son école et ses amis et se retrouver parmi des inconnus peut être stressant. Encore là, un animal affectueux peut réconforter l'enfant au cours de cette transition. Mais en plus de la familiarité et du réconfort qu'il apporte, il peut l'aider à faire de nouvelles connaissances.

Comment aider son enfant qui vit une situation difficile

Rita avait quatre ans lorsque sa famille déménagea. Sa mère me consulta parce qu'à la suite de ce déplacement, sa fille s'était repliée sur elle-même ; elle se cramponnait à ses parents et appréhendait sa nouvelle garderie. Puis, elle se mit à avoir peur de s'endormir le soir. Je lui conseillai de rendre l'environnement de sa fille plus agréable et, si possible, d'adopter un animal. Elle suivit mon conseil et offrit à Rita un joli petit lapin. Puis, elle invita tous les enfants du quartier, sachant que le lapin serait le clou de la fête. Et il le fut ! Rita prit goût aux fêtes d'enfants dans son voisinage. Elle était toute fière d'être la seule à avoir un lapin dans le quartier. Elle se détendit enfin et se mit à apprécier son nouvel environnement. Avec l'aide de son animal thérapeute, la fillette commença à faire confiance à son nouveau milieu et à sortir de sa coquille.

Un divorce ou un décès sont des expériences encore plus traumatisantes pour l'enfant. Celui-ci doit s'adapter à de nouvelles conditions de vie et, dans le cas d'un divorce, se trouve souvent pris au beau milieu du conflit parental. Il arrive parfois que l'enfant se sente responsable de la mort d'un parent ou de l'échec du mariage. Durant cette période, l'enfant doit affronter non seulement des épreuves extérieures, mais des tiraillements intérieurs complexes. L'animal de la famille peut certainement aider à adoucir le choc. Prodiguant attention, réconfort et affection inconditionnelle, il prêtera l'oreille à l'enfant lorsqu'il aura besoin de s'épancher.

Jonathan avait neuf ans lorsque ses parents divorcèrent. Deux ans plus tard, sa mère se remaria, et son père peu après. Jonathan commença à passer un week-end par mois chez son père, dont la nouvelle épouse avait deux enfants. Naturellement, Jonathan était bouleversé et angoissé par tous ces changements. Sa mère, qui savait combien il aimait son chat, l'encouragea à passer plus de temps avec lui. Il l'emmenait donc dans sa chambre et lui parlait longuement. Le doux ronron l'aidait à se détendre et à se sentir aimé. En même temps, il se prit d'affection pour le sympathique épagneul qui vivait chez son père. Sa mère me confia que ces deux animaux lui donnaient le sentiment d'être important. Il fallut une année entière pour que Jonathan s'adapte aux changements familiaux, mais avec l'aide des animaux de ses deux familles, il réussit à traverser cette période éprouvante.

Que faire pour aider son enfant à affronter un changement

Voici quelques suggestions qui vous permettront d'aider votre enfant à vivre une transition difficile :

1. Veillez à ce que votre enfant soit informé des changements à venir.

2. Permettez-lui de participer aux décisions, aussi minimes soient-elles, afin qu'il puisse exercer un certain contrôle sur les changements qui l'affecteront.

3. Encouragez-le à exprimer ses sentiments et à poser des questions. Prenez le temps d'en discuter avec lui.

4. Veillez à ce que la routine familiale (l'heure des repas, l'heure du coucher, les tâches quotidiennes, etc.) soit aussi régulière et cohérente que possible.

5. Permettez à l'animal de la famille de procurer à l'enfant un sentiment de sécurité et de stabilité. Encouragez votre enfant à s'inspirer de la capacité d'adaptation de son animal.

6. Encouragez votre enfant à se faire de nouveaux amis, par l'intermédiaire de son animal, dans la mesure du possible.

7. Prodiguez beaucoup d'amour et de la stabilité à votre enfant pendant qu'il s'adapte à sa nouvelle vie.

Comment aider l'enfant qui souffre de la solitude

Au cours des quinze dernières années, le noyau familial a changé considérablement. Il y a de plus en plus de familles monoparentales et de mères qui travaillent ; par conséquent, il y a de plus en plus d'enfants qui se retrouvent seuls plusieurs heures au cours de la journée. Ceux qui souffrent de la solitude se tournent souvent vers leurs animaux. Les enfants avec lesquels j'ai eu l'occasion de travailler m'ont dit qu'ils partageaient tout avec leurs animaux : leurs conversations, leurs promenades, leurs repas et leurs siestes. Certains parents ont été surpris d'apprendre que leurs enfants avaient de longues conversations avec leur animal. Plusieurs de mes jeunes patients m'ont confié qu'ils parlent à leurs animaux lorsqu'ils ont des problèmes à l'école ou se sentent rejetés par leurs amis. Ils affirment que leurs animaux sont sensibles à leurs sentiments et se montrent souvent plus attentifs et réconfortants que leurs parents.

Un de mes patients, Neil, était le deuxième d'une famille de trois enfants et le seul garçon. Il se sentait souvent rejeté par ses parents et délaissé par ses sœurs. Bref, il souffrait de solitude. Lorsqu'il arriva à exprimer ce qu'il ressentait à ses parents, ceux-ci décidèrent d'adopter un chien. Neil ne tarda pas à s'attacher au boxer mâle qu'ils avaient acheté ; après tout, ils étaient les deux seuls « garçons » de la famille. Neil assumait la majeure partie des soins, et le chien, en échange, lui prodiguait son affection et son attention. Lorsque Neil se sentait seul, il se blottissait contre son chien et lui parlait. Il me confia combien la présence de son ami le réconfortait et combien cela lui remontait le moral de lui parler.

Le deuxième enfant est plus enclin à la solitude que l'aîné et le cadet. (Voir « Comment votre animal peut aider à résoudre la rivalité entre frères et sœurs ».) Il voit l'attention et les privilèges que l'on accorde à son aîné. (Les événements marquants du développement d'un enfant ne semblent pas susciter autant d'enthousiasme chez les parents, quand vient le tour du deuxième.) Et le cadet, lui, jouit également d'un statut particulier. À ce stade, les parents se sentent plus sûrs d'eux-mêmes et ont tendance à assouplir la discipline à laquelle les aînés devaient se soumettre. Le

deuxième de la famille a donc besoin d'une attention particulière, qu'un animal pourra lui procurer. Son chien, son
chat ou son lapin ne le compareront pas à ses frères et sœurs
comme ses parents et ses professeurs ont tendance à le
faire. Et s'il reçoit l'affection de l'enfant, l'animal le lui ren-
dra certainement.

L'ennui va souvent de pair avec la solitude. La
meilleure façon de l'éviter est d'encourager l'enfant à
s'adonner à une nouvelle activité ou à trouver un nouveau
passe-temps. Un animal pourra facilement combler ce
besoin. Votre enfant pourra lui donner à manger, le toiletter,
le promener et le dresser, ce qui écartera de sa vie l'ennui et
la solitude.

L'ANIMAL PEUT VOUS AIDER À RÉSOUDRE LES PROBLÈMES DE DISCIPLINE

La discipline est une intervention qui corrige, façonne
et renforce. Elle vise à inculquer un code de règles inté-
rieures et accroît ainsi l'estime de soi. Les parents impo-
sent des limites à l'enfant dans l'espoir que celui-ci
apprendra à poser ses propres limites au fur et à mesure
qu'il grandit. Mais il arrive que l'enfant se rebiffe contre
cette intervention parentale, ce qui entraîne des problèmes
de discipline. Le psychologue Thomas Gordon qui enseigne l'art d'être parent, recommande l'approche suivante
pour résoudre les problèmes de discipline: il s'agit tout
d'abord d'identifier la difficulté, puis de clarifier la situation. Les parents doivent à tout prix écouter leur enfant de
façon empathique. Puis, ensemble, ils doivent travailler à
trouver une solution démocratique. Il est beaucoup plus
profitable de donner à l'enfant voix au chapitre que de lui
dicter la conduite à suivre [29].

Kyle, un garçon âgé de dix ans, et sa mère, Terry, décidèrent d'entreprendre une thérapie parce que Kyle s'était acquis à l'école une réputation de fauteur de troubles. À force d'interrompre constamment le déroulement de la classe et de se rebiffer contre toute autorité, il avait de piètres résultats scolaires et son adaptation au niveau social en souffrait. À la maison, peu importe la façon dont sa mère lui demandait quelque chose (doucement, avec autorité ou en le suppliant), il refusait d'obéir. Il ne rangeait jamais sa chambre, ne terminait jamais ses devoirs et se dérobait à ses tâches. Il se bagarrait régulièrement et recevait infailliblement de mauvaises notes de conduite. J'appris que les parents de Kyle avaient divorcé lorsqu'il avait sept ans. S'inquiétant à l'idée de l'élever seule et doutant de l'efficacité de ses méthodes d'éducation, sa mère avait relâché la discipline pendant quelque temps. Lorsqu'elle décida de serrer la vis, il se mit à résister. En m'entretenant avec tous les deux, je m'aperçus que le comportement de Kyle était en partie dû à un besoin d'attention inassouvi. Je vis comment la mère avait instauré un véritable rapport de forces entre elle et son fils en essayant de faire la loi : elle établissait les règles et Kyle les rejetait. Nous avons donc commencé par discuter de la colère que Kyle éprouvait depuis le divorce de ses parents. Une fois cet aspect du problème résolu, Terry et moi avons abordé la question de la discipline. Tout d'abord, nous avons demandé au garçon de participer à l'élaboration des règles. Nous avons établi une structure bien définie qui leur permettrait à tous les deux de s'assurer que les objectifs sur lesquels ils s'étaient entendus seraient respectés. Il fallait ensuite trouver la motivation, première étape de la réalisation de tout objectif. Comme Kyle désirait ardemment avoir un chien, cela devint sa motivation. Kyle aida à rédiger sa version de la pétition pour l'adoption et la garde d'un animal. Il participa activement à la sélection et aux soins du chien. L'introduction de l'animal, le contrat et la participation empressée de Kyle aux soins du chien l'aidèrent à acquérir une certaine autodiscipline. Il ne se dérobait jamais à ses obligations. En apprenant à s'occuper de quelque chose, il reçut en retour l'attention dont il avait tant besoin. Son estime de lui-même se renforça considérablement. Kyle et sa mère apprirent à respecter leur point de vue respectif. La rébellion du garçon contre l'autorité se dissipa et son rendement scolaire connut aussi une nette amélioration.

La contribution du dressage d'un chien à la résolution des problèmes de discipline

Confier à un enfant d'âge scolaire la responsabilité du dressage d'un chien comporte un double avantage : d'une part, le chien sera dressé et d'autre part, l'enfant apprendra à apprécier les bienfaits de la discipline. Il en résultera une amélioration de son autodiscipline et de sa concentration. Si un des parents (ou un futur parent) participe au cours de dressage, il apprendra à se montrer ferme et cohérent avec ses enfants. La plupart des principes utilisés dans le dressage des chiens sont empruntés aux théories de l'apprentissage chez l'humain. À l'école de dressage, on apprend à fixer des limites, à encourager les bons comportements et à recourir à l'affection, à l'attention et à l'intérêt pour motiver. Après tout, on ne raisonne pas avec un chien ; c'est oui ou non, bon ou mauvais ! Si vous n'appliquez pas les techniques enseignées, vous vous apercevez vite que le chien ne vous obéit plus. Il en est de même avec votre enfant. Un parent trop permissif n'aide pas à instaurer un sentiment de sécurité chez l'enfant. Une fois que des objectifs réalistes ont été fixés pour l'enfant, il est important de maintenir par la suite un programme cohérent. Avec des règles bien définies, appliquées avec cohérence et amour, votre enfant – ou votre animal – saura exactement ce que vous attendez de lui.

VOTRE ENFANT EST-IL TIMIDE ?

Les recherches indiquent que des parents timides sont plus susceptibles d'avoir des enfants timides. Néanmoins, la timidité peut avoir sa source à l'extérieur de la maison ; elle provient parfois d'expériences difficiles vécues à l'école, avec des enseignants ou des compagnons de classe. Selon le psychologue Philip Zimbardo, chercheur à la *Stanford Shyness Clinic*, les enfants timides n'aiment pas être seuls et ont tendance à dépendre d'autrui pour se divertir et échapper à l'ennui. Ces recherches montrent également que les enfants timides parlent moins et sont moins sûrs d'eux-mêmes, plus soumis, plus anxieux et plus méfiants ; ils sont enclins à la culpabilité et peu à l'aise en société [30]. Timidité et manque d'estime de soi vont de pair. Un enfant enclin à se critiquer cherche à éviter les contacts sociaux et se préoccupe beaucoup de l'opinion des autres. Il craint souvent les étrangers et s'attend à se faire critiquer ou à échouer lorsqu'il est confronté à une nouvelle situation. Par conséquent, il évite l'intimité et les nouvelles rencontres. Les parents se doivent de reconnaître le modèle social qui provoque la timidité de leur enfant (qu'il s'agisse d'eux-mêmes, d'une tierce personne ou d'une situation quelconque). Une fois qu'ils en auront évalué la cause, ils seront en mesure d'aider leur enfant à surmonter sa timidité.

Shirley, une fillette de huit ans, avait toujours été une enfant renfermée. Elle avait un grand respect pour ses deux frères plus âgés, qui étaient extravertis et athlétiques. Elle les aimait et leur vouait une grande admiration, mais se laissait complètement éclipser par eux. Elle vint me consulter après que sa famille eut changé de quartier. Le changement de milieu et les nouvelles expériences avaient exacerbé sa timidité et elle s'était repliée encore davantage sur elle-même. Au cours de nos conversations, Shirley me parla de ses rapports avec son chien et son chat. Je ne pus m'empêcher de remarquer qu'elle s'exprimait avec beaucoup plus d'aisance et d'assurance lorsqu'elle parlait de ses animaux. Je suggérai à sa mère de bâtir une estrade dans la cour où Shirley pourrait monter une pièce inspirée de sa nouvelle école. Elle jouerait son propre rôle et ses animaux joueraient certains de ses nouveaux camarades de classe. Shirley installa divers accessoires de scène et recréa la salle de classe et la cour de récréation. Elle habilla même ses animaux ! Grâce à cette petite comédie et à l'amour que lui portaient ses animaux, Shirley put communiquer avec ses « camarades de classe » et acquit ainsi une aisance en société qui lui avait jusqu'alors fait défaut.

La timidité peut se manifester chez le cadet d'une famille qui n'a pas encore appris à se débrouiller en société. Shirley n'avait jamais appris à se faire de nouveaux amis, car elle avait toujours compté sur ses frères pour le faire à sa place. Pour se débarrasser de sa timidité, l'enfant peut répéter, en présence d'un auditoire sympathique (ses frères et sœurs, ses parents, ses animaux, etc.), différentes façons de communiquer avec ses professeurs et avec les enfants qu'il aborde pour la première fois. L'animal est un excellent partenaire pour ce genre d'exercice, car il ne se moquera pas, ne sera pas impatient ni ne rétorquera. Un enfant timide ne se rend pas compte que son expression corporelle émet le message : « N'approchez pas. »

Comment aider son enfant à se débrouiller en société

Un animal peut être un précieux atout pour l'enfant qui essaie de sortir de sa coquille. Celui-ci peut toucher l'animal, le caresser et le serrer dans ses bras. Voici quelques exercices qui l'aideront à développer son savoir-faire en société. Il peut les faire avec son animal. Demandez-lui de :

1. Confier un secret à l'animal.
2. Faire son éloge.
3. S'exercer à écouter attentivement.
4. Trouver des choses intéressantes à dire.
5. S'habituer à regarder droit dans les yeux.
6. S'efforcer de sourire.

Il y a quelques points essentiels à prendre en considération quand nous voulons aider un enfant à devenir indépendant. Il doit détourner son attention de son sentiment d'insécurité et de sa tendance à se critiquer. Vous devez l'encourager à s'adonner à des activités bien précises, comme se promener, lire un livre ou prendre soin de son animal. L'adoption d'un animal s'avère un excellent moyen d'apprendre à l'enfant à être indépendant. En s'occupant d'un animal et en s'amusant avec lui, l'enfant acquerra de la confiance en soi et apprendra à s'accepter. En participant au dressage d'un chien, il développera son estime de soi et, par là, une attitude plus démonstrative et extravertie.

Suggestions pour aider un enfant timide

Voici quelques suggestions à l'intention des parents qui désirent aider leur enfant timide :

1. Encouragez-le à se défendre. Évitez de vous porter trop vite à sa défense contre son frère ou sa sœur, ou contre un de ses amis.

2. Organisez des activités qu'il est susceptible de réussir. Encouragez-le à franchir une étape à la fois. (Le dressage d'un chien est un bon exemple de ce type de réussite progressive.)

3. Encouragez votre enfant à tenter de nouvelles expériences, même si elles comportent des risques, et félicitez-le pour ses efforts, quels que soient les résultats obtenus.

4. Évitez de récompenser un comportement timide.

5. Écoutez votre enfant; aidez-le à exprimer ses pensées et ses sentiments.

6. N'hésitez pas à faire appel à votre animal pour aider votre enfant à s'amuser, à se défouler et à s'ébattre. L'animal lui donnera des leçons de comportement dégagé, naturel et démonstratif.

7. Vérifiez vos exigences. Informez-vous sur ce qu'on peut attendre d'un enfant de cet âge pour ne pas exiger de lui plus qu'il ne peut accomplir.

QUE FAIRE SI VOTRE ENFANT BÉGAIE?

Le bégaiement survient généralement entre deux et trois ans, lorsque l'enfant commence à parler. Même si les parents s'en inquiètent, ils doivent éviter de corriger l'enfant et ne pas faire cas de la répétition des sons. Il a été démontré qu'un enfant qui bégaie habituellement ne le fait pas en présence d'un animal, car celui-ci l'aide à se sentir en confiance et détendu.

Si le bégaiement persiste, il serait bon de réviser vos attentes à son égard, qui sont peut-être trop élevées. C'est une excellente occasion d'introduire un animal dans la maison. Encouragez votre enfant à jouer le rôle d'un parent et à apprendre à son animal à se comporter en société (par des promenades dans le quartier, par exemple). Incitez-le aussi à parler et à jouer avec l'animal, afin qu'il puisse faire l'expérience de conversations sans retenue. (Les éducateurs reconnaissent depuis longtemps que l'apprentissage par le jeu motive l'enfant et multiplie ses chances de succès.) En s'entendant parler normalement, l'enfant apprendra à se détendre ; de plus, l'acceptation et la constance de l'animal viendront renforcer son estime de soi. La plupart des enfants surmontent leur bégaiement si celui-ci est abordé avec patience et compréhension.

COMMENT SURVIVRE À L'ADOLESCENCE

Les bases de l'estime de soi sont posées bien avant l'adolescence. Néanmoins, l'adolescent a encore besoin d'explorer ses sens, de s'affranchir de la tutelle parentale, de nouer des liens signifiants avec ses pairs et de se faire accepter d'autrui. Cette étape est souvent difficile pour l'adolescent ainsi que pour sa famille. Les parents qui en ont déjà fait l'expérience savent que c'est là une période de fluctuations. Au cours d'une même journée, l'adolescent peut tantôt manifester une dépendance enfantine, tantôt revendiquer plus de liberté ; d'une minute à l'autre, il peut passer de l'hilarité à la dépression. Lorsque la vie se montre injuste envers l'adolescent, cela retombe généralement sur le dos des parents.

Le besoin de plaire à ses camarades est une préoccupation constante de l'adolescent. La peur d'être rejeté – la terreur d'être différent – le poursuit sans arrêt. Le jeune a besoin d'exprimer ses sentiments. Il arrive souvent que ses parents l'invitent à se confier à eux, mais leur offre est rejetée car il vient justement de décider d'affirmer son indépendance. Certains parents ont beaucoup de mal à se montrer compréhensifs devant la révolte de l'adolescence. Ils ont parfois tendance à se replier sur eux-mêmes ou à se décourager. Au même moment, leur enfant peut souffrir d'un rejet arbitraire ou cruel de ses pairs. Fort heureusement, nos animaux sont toujours là.

L'adolescent a souvent du mal à exprimer ses sentiments. À cet âge, il trouve souvent qu'il est embarrassant ou ridicule de témoigner son affection aux siens. Par contre, il considère acceptable de cajoler son animal. Il arrive ainsi à préserver son sentiment d'indépendance tout en exprimant son besoin d'affection.

Nous avons vu le soutien qu'un animal peut apporter à un jeune enfant; ce soutien s'avère encore plus précieux pour l'adolescent aux prises avec d'intenses émotions. L'animal lui offre son affection, sa présence et une occasion de mettre son sens des responsabilités à l'épreuve au cours de cette période tumultueuse où il se métamorphose en adulte.

Lexi, une adolescente de quatorze ans, s'était sentie rejetée lorsque son père avait quitté sa mère et elle avait éprouvé de la tristesse et de la colère. Après le divorce, sa mère avait repris le travail, amplifiant ainsi le sentiment de rejet et la colère de sa fille. Lexi se mit alors à rentrer tard à la maison au cours des week-ends. Sa mère tenta patiemment de discuter avec elle de cette conduite inacceptable, mais la jeune fille se gardait d'exprimer ce qu'elle ressentait, car elle se sentait coupable d'en vouloir à sa mère. En fait, lorsque Lexi entreprit sa thérapie, elle était incapable d'exprimer ses émotions. Au bout de trois mois, elle commença à s'ouvrir un peu. J'ai alors pensé qu'il serait bon qu'elle tienne un journal intime à qui elle pourrait confier ce qu'elle ressentait. L'idée de consigner ses pensées intimes lui sourit au départ, mais elle n'était pas assez disciplinée pour le faire régulièrement. Je lui suggérai alors de recourir à son épagneul pour essayer de cerner ses sentiments. Je recommandai qu'ils aillent passer quelques moments ensemble, chaque jour, dans un coin tranquille. Lexi pourrait alors lui parler de tout ce qui la préoccupait.

Comme le chien ne lui posait pas de questions ni ne la réprimandait, Lexi réussit à s'ouvrir. Avec le temps, grâce à ses séances de psychothérapie et de zoothérapie, elle acquit suffisamment de confiance en soi pour affronter ses parents et leur exprimer la déception que lui avait causée leur divorce. Elle prit conscience que sa vie n'avait pas à souffrir de l'échec de leur union. Ses liens avec son chien devinrent si étroits et la vie de famille si agréable qu'elle se mit à avoir le goût de passer ses week-ends à la maison. Ainsi se résolurent ses problèmes de discipline.

Un autre de mes patients, Jamie, âgé de seize ans, présentait des problèmes de discipline beaucoup plus sérieux. Ses notes étaient bien au-dessous de la moyenne et il refusait systématiquement de suivre les conseils de ses parents pour les améliorer. Il avait laissé tomber l'équipe de football de l'école et s'était mis à se tenir avec une bande de garçons peu fréquentables. Peu à peu, il était en train de compromettre ses chances d'être admis à l'université. Ses parents avaient tenté de mettre sa conduite sur le compte de l'adolescence, mais au bout de quelque temps, ils s'étaient retrouvés dans un cercle vicieux : plus ils critiquaient Jamie, plus celui-ci négligeait de faire ses devoirs ; plus son rendement scolaire empirait, plus son estime de soi diminuait et plus il recherchait l'acceptation de ses amis peu recommandables. Ses parents et lui-même avaient perdu foi en sa capacité de prendre les bonnes mesures pour s'en tirer. Lorsque nous nous mîmes à travailler ensemble, ils étaient dans une terrible impasse et chacun avait du mal à s'exprimer clairement. Au bout de quelque temps, ils réussirent à s'ouvrir et à me confier ce qu'ils ressentaient. Entre-temps, Jamie était devenu si indiscipliné que ses parents avaient dû lui retirer la plupart de ses privilèges. Il fallait toutefois qu'ils lui accordent assez de liberté pour qu'il puisse résoudre son problème. Jamie mentionna qu'il aimait les chiens et se sentait proche de son colley. Nous cherchâmes ensemble une manière de mettre à profit son affection pour les animaux de façon à développer son sens des responsabilités et à accroître ainsi son estime de soi. C'est ainsi qu'il décida de monter un service de toilettage pour les animaux du quartier. Ce fut un véritable succès. Ses problèmes de discipline se dissipèrent au fur et à mesure que se renforçait le sentiment de sa valeur personnelle. Ses parents apprirent à lui accorder plus de liberté, et Jamie se servit de cette approche constructive pour affirmer son indépendance.

Franchir le cap de l'adolescence

En dépit du besoin d'intimité de l'adolescent et de ses efforts pour s'affranchir de la tutelle parentale, il existe un certain nombre de choses que les parents peuvent faire pour aider leur enfant à traverser cette période de transition. Voici quelques suggestions :

1. Si vous avez la chance d'écouter votre adolescent parler de ses problèmes, *évitez de donner des conseils.*

2. Écoutez ce qu'il a à dire sans porter de jugement.

3. Dites-lui que vous croyez en sa capacité de résoudre le problème en question et avez confiance en son jugement.

4. Racontez-lui vos propres expériences d'adolescence.

5. Respectez l'intimité de votre adolescent, de sa chambre, de ses conversations téléphoniques, de son journal intime ou des confidences qu'il fait à son animal.

6. Soyez conscients de sa sensibilité à son apparence et aux transformations physiques qu'il subit.

7. Évitez de critiquer ses amis.

8. Si votre adolescent se sent rejeté par ses pairs, concentrez-vous sur ses qualités propres et évitez les comparaisons.

9. Encouragez son rapprochement avec l'animal de la famille. Celui-ci peut jouer le rôle d'un confident et d'un conseiller bienveillant au cours de cette période de stress et de changement.

Oui, on peut survivre à l'adolescence ! Gardez ces quelques conseils à l'esprit et conservez votre sens de l'humour. Et surtout, rappelez-vous qu'il ne s'agit que d'une phase de développement qui passera, comme les autres.

RÉSUMÉ

Les animaux apportent une précieuse contribution au développement d'un enfant. Ils le supportent de multiples façons au cours de chaque phase de son développement. Par exemple, votre animal peut aider votre jeune enfant à se développer physiquement. Son acceptation inconditionnelle renforce son estime de soi. Puis, lorsque l'enfant est en âge de prendre soin de l'animal, il acquiert le sens des responsabilités et de l'autodiscipline. L'animal est un compagnon fidèle. Si votre enfant souffre de la solitude, de la timidité ou d'un autre problème, votre animal lui prodiguera l'amour empathique dont il a besoin. Il ne fait aucun doute que l'animal de la famille peut jouer un rôle prépondérant dans l'éducation de votre enfant.

6

L'ANIMAL
AU SERVICE DE L'HOMME

L es animaux viennent en aide à leurs compagnons humains depuis des milliers d'années. Les peuples de la Grèce antique croyaient que la langue des chiens possède des propriétés curatives. C'est pourquoi ils se servaient d'eux pour lécher les plaies des malades au sanctuaire d'Épidaure. Cette croyance aux vertus des animaux a amené la communauté médicale et les professionnels de l'éducation à investir dans la recherche et le développement de la zoothérapie. De nos jours, on se sert couramment des animaux dans les soins et le traitement des malades à domicile, dans les résidences et centres d'accueil pour personnes âgées, dans les hôpitaux et dans le traitement des handicapés physiques, mentaux ou affectifs.

En 1792, l'asile de York, en Angleterre, fut l'un des premiers établissements à se servir officiellement d'animaux dans leurs traitements. Les patients y étaient encouragés à s'occuper des animaux qui vivaient avec eux. Ce fut la première expérience de zoothérapie dans le traitement des maladies mentales. En 1867, les épileptiques du centre

Bethel, en Allemagne, bénéficiaient grandement de la compagnie d'animaux domestiques et sauvages. Les premières expériences de zoothérapie menées aux États-Unis remontent à 1942, au *Pawling Army Air Corps Convalescent Hospital* de New York. Les anciens combattants qui y séjournaient pour se remettre de blessures et de traumatismes émotifs étaient encouragés à travailler avec les animaux de la ferme et à étudier les reptiles et les animaux sauvages indigènes. Des courses de tortues et des concours de saut de grenouilles y étaient organisés à titre de thérapie récréative[31].

En 1953, le psychologue Boris M. Levinson découvrit que son chien Jingles pouvait l'assister dans son travail de thérapie en l'aidant à diagnostiquer et à traiter les problèmes émotionnels de ses patients, jeunes et âgés[32]. Dans les années 70, les psychologues Samuel A. Corson et Elizabeth O'Leary Corson notèrent des progrès remarquables chez leurs patients adolescents après qu'ils eurent introduit des chiens dans leur pavillon d'un hôpital psychiatrique[33]. Encouragés par les résultats de leurs recherches sur le rôle des chiens en thérapie, les Corson décidèrent de poursuivre avec des résidents de centres d'accueil pour personnes âgées[34]. Ils constatèrent que les animaux encourageaient les patients à se débrouiller seuls et les rendaient plus sociables. À la même époque, Elizabeth Yates publia un ouvrage décrivant une expérience menée au *Children's Psychiatric Hospital*, au Michigan, où l'introduction d'un chien abandonné dans un pavillon de pédiatrie avait aidé des enfants à recouvrer la santé[35].

De nos jours, le monde médical, y compris les psychologues et les physiothérapeutes, collaborent avec des associations de bénévoles et des organismes voués au bien-être des animaux, pour faire bénéficier certains groupes de personnes présentant divers problèmes, de la présence thérapeutique des animaux.

LA ZOOTHÉRAPIE AU SERVICE DES PERSONNES ÂGÉES

Les personnes âgées ont des besoins particuliers auxquels les animaux peuvent subvenir. Elles peuvent leur parler et parler d'eux entre amis et avec leurs proches. Les animaux fournissent aux personnes âgées un moyen de satisfaire leur besoin de toucher. (Les besoins tactiles s'accentuent généralement avec l'âge parce que l'acuité des autres sens diminue. Ces besoins peuvent également s'intensifier à la suite de la perte d'un être cher ou chez la personne qui vit seule.) Les animaux donnent à la personne âgée le sentiment d'être utile, à une étape de sa vie où elle sent de moins en moins qu'on a besoin d'elle. Et lorsque les amis et les proches ne passent guère de temps avec les personnes âgées, les animaux, eux, sont toujours là, prêts à prodiguer leur affection à quiconque les cajole. En outre, les chiens apportent à leurs maîtres âgés une certaine sécurité et les incitent à faire de l'exercice régulièrement. Les animaux servent enfin à leur rappeler leurs jeunes – et peut-être plus insouciantes – années.

Les oiseaux et les poissons sont également de bons compagnons pour les personnes âgées. En 1974, les chercheurs britanniques Roger Mugford et J.G. M'Comisky ont observé un groupe de personnes âgées vivant seules. Le groupe fut divisé en trois : le premier groupe reçut la visite d'un travailleur social et un bégonia ; le second reçut la visite d'un travailleur social et un perroquet ; le troisième groupe ne reçut que la visite d'un travailleur social. Une enquête menée par la suite démontra que les personnes qui avaient reçu un perroquet avaient cessé de parler de leurs difficultés pour parler de leur nouvel animal. Leur estime d'elles-mêmes et leur bien-être s'en trouvèrent nettement améliorés [36].

Les recherches démontrent que 90 % des personnes âgées habitent dans leur propre maison ou appartement. Selon le docteur Daniel Lago, directeur du Centre de gérontologie de l'Université de Pennsylvanie, et Barbara Knight, les générations futures du troisième âge resteront chez elles aussi longtemps que possible, optant pour des soins à domicile plutôt que pour une maison de retraite[37].

Comme l'a démontré une étude menée en 1986 par Sharon E. Bolin, infirmière et doyenne du *West Suburban College*, à Oak Park, dans l'Illinois, les animaux sont d'un grand réconfort à la suite du décès d'un des époux. En interviewant quatre-vingt-neuf femmes qui venaient de perdre leur époux, elle nota que celles qui possédaient un animal réussissaient plus facilement à surmonter leur douleur que celles qui n'en possédaient pas. En outre, ces dernières appréhendaient davantage leur propre mort[38].

La garde d'un animal à la maison peut toutefois présenter des difficultés, particulièrement lorsque la personne âgée est locataire. Fait encourageant, la loi fédérale américaine (et dans certains États) stipule depuis 1983 que les animaux doivent être admis dans les résidences subventionnées par le gouvernement fédéral. Une étude du docteur Lynette A. Hart, de l'École vétérinaire de l'Université de Californie, à Davis, a démontré que les animaux dans les logements subventionnés par le gouvernement ne causaient ni bruit, ni préjudice personnel, ni dégâts matériels. Les entrevues menées auprès des administrateurs de ces établissements ont confirmé que les locataires âgés étaient des propriétaires d'animaux responsables et qu'ils bénéficiaient grandement de la compagnie de leur animal. Ils développaient, grâce à eux, une meilleure disposition mentale, faisaient de l'exercice régulièrement, et se sentaient plus en sécurité. (Voir Chapitre 1.) Les résultats de cette étude devraient inciter les administrateurs de résidences pour personnes âgées à admettre les animaux[39].

Associations qui favorisent le contact entre les animaux et les personnes âgées

Le programme PACT (*People and Animals Coming Together*) connaît un grand succès dans ses efforts pour développer le lien entre les personnes âgées et les animaux. Une équipe de bénévoles de l'Université de Pennsylvanie s'occupe de trouver des foyers aux animaux abandonnés parmi des personnes du troisième âge. Ils ne se contentent pas de les placer; ils interviewent chaque personne âgée afin de sélectionner l'animal qui conviendra le mieux à ses besoins et à ses capacités. Un vétérinaire examine gratuitement chaque animal afin de déterminer son état de santé avant qu'il ne soit placé. Puis, un des bénévoles de PACT garde l'animal chez lui pendant une semaine afin de s'assurer qu'il a une bonne nature et qu'il est bien entraîné. Le PACT fournit également un parrain à chacun de ces « couples ». Ce parrain aide le nouveau maître à dresser l'animal, à l'emmener chez le vétérinaire, et s'occupe même de son toilettage si la personne ne peut le faire. L'organisation accepte de reprendre l'animal si son maître tombe malade ou s'il y a incompatibilité.

Le PAW (*Pets Are Wonderful Council*), qui a son siège à Chicago, est un autre organisme sans but lucratif voué à la promotion des rapports entre les animaux et les personnes âgées. Ce programme met en contact des jeunes et des personnes du troisième âge qui ont besoin d'aide pour soigner leurs animaux. Les amis du PAW doivent posséder une formation de scoutisme ou avoir suivi le programme de soins aux animaux de compagnie offert par le club 4 H, et doivent savoir comment s'occuper des chiens et des chats. Ils sont mis en rapport avec une personne âgée de leur localité; ils se tiennent disponibles pour promener leur animal, le toiletter et le nourrir si nécessaire. Ils doivent tenir un registre précis des soins donnés. Ce programme constitue un excellent moyen de consolider le lien entre les générations.

Aux États-Unis, les sociétés protectrices des animaux et les vétérinaires s'occupent également de placer des chiens et des chats abandonnés chez des personnes âgées et de leur fournir les soins nécessaires. Le programme CATS (*Children and Animals Together for Seniors*), à New York, place des animaux abandonnés recueillis à la SPCA chez des personnes du troisième âge. Les nouveaux maîtres se voient offrir la nourriture pour leur animal ainsi que d'autres services tels que les soins vétérinaires et tout ce dont l'animal a besoin. Les enfants qui s'engagent comme volontaires reçoivent une formation en matière de soins pour animaux ; ils peuvent s'occuper de promener les animaux et de les toiletter. La SPCA de San Francisco a mis sur pied un programme qui consiste à fournir aux organismes qui livrent des repas à domicile aux personnes âgées, de la nourriture aussi pour leurs animaux. *Pet-A-Pet*, à El Paso, au Texas, fournit aussi de la nourriture pour animaux et des services vétérinaires aux personnes âgées qui ne peuvent se déplacer.

De plus amples renseignements sur ces divers programmes peuvent être obtenus à la *Delta Society*, un organisme international qui œuvre à renforcer le lien entre animaux et humains.

LES ANIMAUX THÉRAPEUTES DANS LES CENTRES D'ACCUEIL

J'ai décidé d'étendre le champ de mes expériences en zoothérapie aux centres d'accueil pour personnes âgées. À cette fin, j'ai décidé de faire appel à Lorelei plutôt qu'à mon autre rottweiler ou à mes chats en raison de son âge et de ses quatre années d'expérience comme animal thérapeute qui lui avaient conféré une douceur de caractère et un tempérament très calme. Avant notre première visite, elle dut subir un examen vétérinaire. Ses vaccinations étaient en règle, sa santé excellente, et elle n'avait aucun parasite interne. Nous dûmes ensuite suivre une formation sous la direction de Floriana Strahl, bénévole à l'*Animal Alliance* de Los Angeles. Cette organisation fournit des chiens affectueux et disciplinés à des centres d'accueil pour personnes âgées de cette localité pour des visites hebdomadaires.

Après avoir pris contact avec l'infirmière-chef de chaque étage, Floriana nous présenta aux patients qui aimaient recevoir la visite d'animaux. Nous fûmes chaleureusement accueillis. Floriana et moi écoutions leurs histoires de chien tandis que Lorelei savourait leurs caresses et leurs attentions. Notre visite se termina au salon où chacun se mit à raconter des histoires à propos de son animal. Nous prîmes des photos de Lorelei en compagnie de ses nouveaux amis et les leur envoyâmes par la suite. Leurs sourires et leurs commentaires reflétaient bien le plaisir que cette visite leur avait procuré. Lorelei appréciait leur attention comme eux se régalaient de son affection. L'animatrice du centre m'apprit qu'elle travaillait à mettre sur pied un programme de zoothérapie permanent.

Les administrateurs de centres d'accueil, de centres de réhabilitation et de résidences pour personnes âgées ont commencé à prendre conscience du rôle thérapeutique des animaux. Les recherches innovatrices menées par les psychologues Samuel Corson et Elizabeth O'Leary Corson ont démontré le rôle important que peuvent jouer les chiens auprès des personnes âgées. Ils ont constaté que les chiens prodiguent à celles-ci non seulement de l'affection, mais aussi du réconfort grâce au contact physique. Leur comportement enjoué réduit leur stress et les rajeunit. Ils ont également découvert qu'à leur façon, ces chiens affectueux et sociables réussissaient mieux à leur communiquer un message positif que les membres du personnel les mieux intentionnés. Les chiens réussissaient non seulement à tirer les personnes déprimées de leur coquille, mais ils stimulaient aussi la conversation entre patients, détournant ainsi leur attention de leurs soucis et de leurs maux[40].

Lors d'une étude réalisée dans plusieurs centres d'accueil qui avaient un chat mascotte dans chaque pavillon, le psychologue Clark Brickel a constaté que les patients y étaient réconfortés par la présence des chats et prenaient grand plaisir à les caresser. Les chats évitaient instinctivement les quelques patients qui ne les appréciaient pas. Brickel a découvert que la présence des animaux donnait à ces résidences l'allure de maisons familiales plutôt que d'institutions[41].

Une étude menée en 1981 au *Caulfield Geriatric Hospital* de Melbourne, en Australie, a démontré l'impact positif qu'a eu un seul chien, nommé Honey, sur la santé physique et mentale de soixante patients. La présence de Honey y encourageait la bonne humeur et la vivacité, et avait redonné à plusieurs le goût à la vie. La chienne était si choyée qu'elle se mit à prendre du poids et dut suivre un régime[42].

Le vétérinaire Leo K. Bustad est le cofondateur de *People-Pet-Partnership* de Pullmann, dans l'État de Washington. Le docteur Bustad, qui est aussi président de la *Delta Society*, est un des pionniers en zoothérapie dans les centres pour personnes âgées et autres institutions. Dans un article rédigé en collaboration avec Linda M. Hines et intitulé « Placements of Animals with the Elderly : Benefits and Strategies », il décrit la façon dont les animaux répondent aux besoins des personnes âgées, et comment ils les aident à remettre de l'ordre dans leur vie en les mettant en contact avec des personnes bienveillantes et des animaux affectueux[43].

La présence d'un animal dans un centre d'accueil peut faciliter la transition entre l'intimité du foyer et un nouvel environnement. Les animaux incitent à de nombreuses activités récréatives et sont de bons compagnons. Le simple fait de leur donner à manger, de les promener et de leur parler, atténue la solitude et l'isolement qu'une personne âgée risque fort d'éprouver dans un environnement institutionnel.

Comment introduire un animal thérapeute dans une résidence pour personnes âgées

Dans un bulletin de la *Latham Foundation*, le docteur Randall Lockwood, de la *Humane Society of the United States*, parle du besoin de créer un programme de formation et de définir des lignes directrices à l'intention de ceux qui travaillent avec les animaux et les personnes du troisième âge[44]. La clé de la réussite d'un tel programme réside dans son organisation. La surveillance et le bien-être des animaux exigent un contrôle continu, et les bénévoles qui s'occupent des animaux ont besoin d'une formation adéquate. Une bonne planification s'avère particulièrement nécessaire lorsque l'animal réside en permanence dans le centre d'accueil. Il importe également de préparer le personnel et les résidents à assumer la responsabilité de ces animaux. Dans un ouvrage publié en 1982[45], Cappy McLeod présente des informations et des suggestions d'une valeur inestimable. Elle y aborde chaque aspect de la question, de la nécessité de former les bénévoles jusqu'à l'organisation de journées portes ouvertes pour présenter le nouvel animal aux résidents. Elle dresse une liste des différentes activités récréatives où les animaux peuvent être mis à contribution. Si vous-même ou votre établissement êtes en train de mettre sur pied un programme de zoothérapie, ces informations pourraient vous épargner des problèmes.

Dans un autre ouvrage sur la question[46], le journaliste Phil Arkow présente diverses informations susceptibles d'aider les personnes qui veulent mettre sur pied un programme de zoothérapie dans un centre d'accueil ou une résidence pour personnes âgées.

Les programmes qui parrainent les visites d'animaux dans les centres d'accueil et les résidences

Certaines sociétés protectrices des animaux offrent aux résidents en centre d'accueil un autre type d'expérience enrichissante : il s'agit d'un service qui amène régulièrement des chiens et des chats dans les différentes résidences de leur localité. Ces organisations incitent également les résidents à rompre leur routine quotidienne en allant visiter les animaux au refuge même.

Depuis quelques années, les organismes de services sociaux se sont mis à participer aux programmes de zoothérapie à l'intention des personnes âgées. Depuis 1982, le *Pets on Wheels*, de Baltimore, est parrainé par la *Commission on Aging and Retirement Education* de cette ville. Ce groupe est composé de bénévoles qualifiés qui font le tour des centres d'accueil et des résidences en compagnie d'animaux entraînés à cette fin.

Certains organismes gouvernementaux font appel à des groupes de zoothérapie professionnels pour offrir divers services aux résidences pour personnes âgées. En 1984, deux SPCA de Pennsylvanie ont confié leurs programmes de zoothérapie aux *Pals for Life*, une organisation sans but lucratif qui visite avec des animaux, plus de cinquante centres d'accueil et résidences pour personnes âgées. Les établissements qui n'ont pas les moyens de payer la cotisation minimale sont subventionnés par des entreprises locales ou par des organismes de bienfaisance. Les animaux visiteurs appartiennent au personnel de *Pals for Life*, et ceux qui résident en permanence dans les résidences sont supervisés et dressés par ce même personnel.

De nombreuses organisations font appel à des bénévoles pour la mise en œuvre de programmes de zoothérapie en résidences pour personnes âgées. Le *PALS*, à Boise, dans l'Idaho, offre un programme de formation aux jeunes qui veulent rendre visite avec leurs animaux à des résidents de centres d'accueil. Des jeunes inscrits à une troupe de scouts, aux clubs 4 H ou au YMCA participent à des cours de formation où ils apprennent à venir en aide à des personnes âgées. Le *Companion Animal Partnership*, un programme de l'Université de Washington, parraine les étudiants et les autres bénévoles qui désirent rendre visite aux personnes âgées en centre d'accueil avec des animaux mis à leur disposition. Ce programme comporte également une ménagerie où les petits peuvent venir caresser les animaux, ainsi que des expositions de chiens et des démonstrations de dressage tenues dans les jardins des résidences. (À la suite d'une de ces expositions et sur ordonnance d'un des médecins du centre, un chien abandonné fut adopté.) Le *Therapy Dogs International* de Hillside, au New Jersey, immatricule les chiens appartenant aux membres de la communauté qui désirent rendre visite avec leurs animaux, aux personnes âgées et aux handicapés mentaux. Des cartes de membre sont mises à la disposition des propriétaires de chiens et de tous les amis des animaux de la région.

Les recherches et la participation communautaire se développeront au fur et à mesure que s'accroîtront le besoin et l'utilisation d'animaux thérapeutes auprès des personnes âgées. Avec du dévouement et une bonne organisation, vous pouvez vous aussi favoriser le contact bienfaisant entre les animaux thérapeutes et les personnes âgées.

VENIR EN AIDE AUX HANDICAPÉS

Les chiens guides au service des handicapés visuels

Les chiens guides sont sans doute les animaux les plus connus pour leur aide aux personnes handicapées. Durant la

Première Guerre mondiale, on entraînait des chiens à servir de messagers et de secouristes. Après la guerre, les Allemands ont dressé des chiens pour servir de guides aux anciens combattants et aux civils aveugles. On constata que ces chiens leur permettaient d'être autonomes. Il existe maintenant des centres de dressage de chiens guides partout dans le monde.

La première de ces écoles de dressage pour chiens guides aux États-Unis fut fondée en 1929 par Dorothy Harrison Eustis, une éleveure de bergers allemands. Il existe aujourd'hui une douzaine de ces centres aux États-Unis et quelques-uns au Canada. Les méthodes, les sources de financement et la sélection des chiens varient d'un endroit à l'autre. La plupart de ces écoles de dressage réussissent à offrir leurs chiens gracieusement ou à des coûts minimes, grâce à des fonds privés ou à des campagnes de financement.

Les instructeurs et les chiens guides doivent s'astreindre à une formation très poussée. La loi californienne exige par exemple que les instructeurs de chiens guides complètent trois années d'apprentissage dans une école spécialisée, après quoi ils doivent subir un examen de l'État. Afin de dresser les chiens, les instructeurs se mettent dans la peau des non-voyants et parcourent les rues de la ville, les yeux bandés, guidés par leur chien. Un chien a généralement besoin de quarante promenades de dressage avant de pouvoir travailler avec une personne aveugle.

Guide Dogs for the Blind, organisme situé à San Rafael, en Californie, offre un programme de dressage sur place. Ils élèvent leurs propres bergers allemands, labrador retrievers et golden retrievers. Ces chiens sont sélectionnés pour leur disposition à servir, leur tempérament stable, leur taille et la facilité de toilettage. Les chiots sont observés, surveillés et testés pendant trois mois, après quoi ils sont placés dans un foyer d'adoption avec un membre du club 4 H pour apprendre à s'adapter sur le plan social. À l'âge de dix-huit mois, le chien revient à l'école pour être dressé et mis en rapport avec son nouveau maître non voyant. Ce dernier reçoit quatre semaines de formation avec son guide, suivies d'un longue période de formation complémentaire. Un chien guide travaille généralement de huit à dix années, après quoi il demeure avec la personne comme compagnon, ou retourne dans son premier foyer d'adoption. Le non-voyant reçoit alors un nouveau chien guide et recommence la même formation avec celui-ci.

L'adoption d'un chien guide contribue non seulement à la mobilité de l'handicapé visuel, mais aussi à son bien-être physique, psychologique et social. Les recherches démontrent que les aveugles qui ont un chien se sentent plus en sécurité et voient s'accroître leur assurance physique et leur vigueur, ainsi que leur estime d'eux-mêmes. Comme leur chien ne juge pas leur infirmité, ils apprennent à se respecter davantage. Beaucoup préfèrent compter sur leur chien plutôt que de recourir à l'aide de quelqu'un. La capacité de communiquer verbalement ou autrement avec son chien procure au non-voyant une satisfaction affective et un sentiment de stabilité. Le chien est donc bien plus qu'un compagnon fidèle; il devient aussi un animal thérapeute.

Les chiens au service des malentendants

Il existe trois fois plus de malentendants que de non-voyants aux États-Unis. Tout comme les chiens guides sont les « yeux » de leur maître, les chiens des malentendants apprennent à être les « oreilles » de leur maître. Ces chiens sont entraînés à réagir à certains sons de leur environnement et à assister leur maître atteint de surdité. Les malentendants peuvent s'en procurer un sans frais.

Si le bébé pleure, par exemple, le chien alertera la mère ou le père malentendant. Lorsque le réveil sonne, le chien va réveiller son maître. Il peut également être entraîné à signaler le son d'un détecteur de fumée ou d'une sirène lorsque son maître est au volant de son automobile. Certains chiens apprennent même à réagir au son du téléphone. Chaque son déclenche un comportement différent : lorsque quelqu'un sonne à la porte, le chien va et vient entre la porte et son maître ; si le détecteur de fumée se déclenche, le chien se couche devant son maître pour lui signaler le danger.

En 1975, Agnes McGrath, fondatrice de l'*International Hearing Dogs*, fut la première personne à dresser des chiens pour malentendants, dans le cadre d'un programme mis sur pied par la SPCA du Minnesota. Depuis lors, de nombreux centres dressent des chiens de sociétés protectrices et les placent chez des personnes atteintes de surdité.

À West Boylston, au Massachusetts, on fonda en 1976 le *Hearing Ear Dog Program*. Les chiens qu'on y dresse doivent être en bonne santé, intelligents, serviables et sensibles au bruit. Chaque chien subit de quatre à six mois de dressage selon le nombre de sons qu'il doit apprendre à reconnaître. Avant d'accueillir un chien, le maître malentendant doit apprendre à s'occuper d'un chien et le dresseur lui fait une démonstration des facultés de l'animal. Puis le chien et son nouveau maître suivent ensemble deux semaines de formation au cours desquelles ce dernier apprend à travailler avec son compagnon et à se faire obéir. Comme les malentendants ont souvent du mal à s'exprimer clairement, le chien apprend à obéir aux signes de la main plutôt qu'aux ordres verbaux. Une fois son cours de dressage complété, le chien reçoit un harnais orange qui l'identifie comme chien de malentendant. Un suivi est assuré après l'insertion du chien dans son nouveau foyer.

Le *International Hearing Dog*, un programme fondé en 1979 à Henderson, au Colorado, dresse et place des chiens dans des foyers américains et canadiens. Ce programme est subventionné par des organismes communautaires, dont le plus connu est le *Silent Partners*, qui recrute des parrains pour le dressage des chiens. Chaque parrain reçoit une photo du chien, de l'aide dans le choix de son nom, des comptes rendus de ses progrès ainsi que des informations sur son nouveau foyer.

La *Red Acre Farm*, fondée en 1903, était autrefois un lieu d'hébergement pour les vieux chevaux de la ville de Boston. En 1981, l'*American Humane Association* y installa son centre régional et mit sur pied un programme de dressage de chiens pour malentendants. Les chiens sont recueillis à la SPCA. Leur dressage, qui comprend de la discipline de base et une sensibilisation aux sons, dure de quatre à six mois. À la suite d'une entrevue, il y a jumelage du maître et du chien. La plupart des clients sont complètement sourds ou sont fortement atteints. Certains habitent seuls, d'autres avec un conjoint malentendant. Un membre du personnel supervise l'insertion du chien dans son nouveau foyer et le développement de la relation entre le maître et le chien.

Le chien pour malentendants ne se contente pas de rendre service à son maître; il lui prodigue son affection et lui procure un sentiment de sécurité. Il devient un membre de la famille à part entière. Grâce à cette amitié partagée, il permet à son maître de mener une existence autonome dans son univers de silence.

Les chiens au service des handicapés moteurs

Il existe également des chiens entraînés à venir en aide aux personnes atteintes d'un handicap moteur, que ce soit à la suite d'un accident, ou de la poliomyélite, de la paralysie cérébrale, de la dystrophie musculaire ou d'une autre affection. Ces animaux de compagnie apportent amour et assistance à des personnes qui menaient jusqu'alors une vie d'isolement et de limitations. Plutôt que d'être contraintes de dépendre d'une autre personne, celles-ci peuvent désormais compter sur leur chien. Apprenant à se mouvoir davantage, elles acquièrent de la confiance en elles-mêmes. Les obstacles physiques ne leur apparaissent plus aussi insurmontables. Un chien peut apprendre à ouvrir les portes et à aider son maître à monter et à descendre les escaliers. Il peut apprendre à tirer un fauteuil roulant le long des rampes d'accès et des plans inclinés, à allumer la lumière, à aller chercher un objet, à pousser le bouton de l'ascenseur, à porter un sac de provisions, à retirer les marchandises de l'étalage et même à porter des messages. Un tel chien peut faire gagner du temps à l'handicapé moteur et lui épargner beaucoup d'effort. Il pourra ainsi consacrer son énergie à des tâches plus créatives, comme les études ou un travail.

Non seulement ces chiens spécialisés aident-ils leur maître à surmonter les obstacles physiques, mais ils sont aussi entraînés à le protéger contre les cambrioleurs et les agresseurs auxquels il est particulièrement vulnérable, ce qui lui procure un sentiment de sécurité dont il a grand besoin.

La présence d'un animal incite les inconnus à engager la conversation avec la personne handicapée plutôt que de l'éviter ou de l'ignorer. Dans un compte rendu de recherche, Jane Eddy, de l'Université de Californie, à Sacramento, rapporte que les handicapés accompagnés de leur chien avaient cinq fois plus de conversation avec des étrangers que les handicapés qui se trouvaient seuls. Autrement dit, le chien favorisait les contacts sociaux. Les étrangers ne les percevaient plus comme des handicapés, mais comme des personnes accompagnées de leur chien de service[47].

La personne handicapée acquerra encore plus de confiance en elle-même si elle participe à des cours de dressage avec son chien. Le fait de concourir aux expositions de chiens l'aidera à se sentir sur un pied d'égalité avec les autres propriétaires de chien. En se faisant obéir de son animal, elle prend conscience de ses capacités et apprend à exprimer ses besoins personnels. Cette affirmation d'elle-même accroît son estime d'elle-même et sa fierté; elle n'a pas besoin de s'en remettre à quelqu'un d'autre. Pour que le dressage réussisse, l'animal doit avoir le goût d'apprendre; pour cela, son maître doit lui-même y prendre son intérêt. En donnant des ordres à un chien, la personne atteinte de lésions cérébrales pourra améliorer son élocution. La réponse favorable du chien l'encouragera à poursuivre son apprentissage de la parole.

Le premier programme à mettre des chiens à contribution pour répondre aux besoins des handicapés sur les plans moteur et développemental a été créé en 1975 par Bonita Bergin, professeure d'éducation spécialisée. Ce programme s'appelle *Canine Companions for Independence*. Au cours d'un voyage en Turquie, celle-ci avait remarqué qu'on se servait des ânes pour transporter les marchandises et assister les handicapés. Elle était persuadée que les chiens pouvaient être entraînés à exécuter des tâches semblables. Ses études supérieures en éducation spécialisée la convainquirent que ce dont les handicapés avaient le plus besoin, et le plus envie, c'était de devenir autonomes. Les premiers «chiens compagnons» furent élevés et dressés chez elle, à Santa Rosa, en Californie. En 1986, on estimait à 217 le nombre de chiens spécialement formés pour cette tâche et qui avaient été placés un peu partout dans le monde. Grâce à eux, des handicapés se mirent peu à peu à s'intégrer dans la société. Grâce à leur amour et à leur affection, des enfants souffrant de troubles affectifs apprirent à parler.

Au départ, le *Canine Companions* ne dressait que des chiens pour les handicapés moteurs et les personnes en fauteuil roulant. Aujourd'hui, l'organisation entraîne aussi des chiens pour les malentendants, des animaux thérapeutes et des chiens pour assister les personnes âgées et les personnes atteintes de multiples handicaps. Ces chiens peuvent apprendre à répondre à quatre-vingt-neuf ordres donnés par leur maître.

Les chiens compagnons du centre de Bonita Bergin, à Santa Rosa, font l'objet d'un élevage sélectif. Si un chiot présente des dispositions favorables, il est alors placé dans un foyer où il apprend à être sociable et à obéir à des ordres de base dans un climat d'affection et d'attention. Puis, il suit des cours de dressage en compagnie de son parent d'adoption – souvent un adolescent. À l'âge de quinze mois, il retourne au centre pour parfaire son éducation. Lorsque le chien reçoit son certificat d'aptitudes, son parent d'adoption est invité à participer à la cérémonie et à rencontrer le nouveau maître.

Le dressage d'un chien compagnon coûte environ 5 000 $ US. Ce programme à but non lucratif est subventionné par des dons privés, des cotisations et d'autres contributions des membres de l'association.

Un autre organisme à but non lucratif qui vient en aide aux handicapés est *Handi-Dogs*, à Tucson, en Arizona, fondé par Alamo Reaves. Son programme vise à enseigner aux personnes handicapées à dresser leur propre chien plutôt que de recourir à un instructeur spécialisé. Si l'élève n'a pas de chien à lui, *Handi-Dogs* l'aide à en choisir un chez un éleveur de la région, à la SPCA ou à un autre refuge pour animaux. Le chien apprend à obéir et à exécuter certaines tâches pour aider son maître : ramener des objets, aboyer au signal donné, ramasser des objets par terre. Ce programme fonctionne grâce aux services bénévoles (souvent d'anciens élèves). Certains chiens participent par la suite avec leur maître à des concours de dressage et remportent beaucoup de succès. *Handi-Dogs* dresse aussi des chiens pour malentendants ainsi que pour des personnes âgées du sud de l'Arizona. Il a également publié un manuel traitant des diverses techniques de dressage pour chiens compagnons et contenant une foule d'informations à l'intention de ceux qui désirent mettre sur pied un programme d'aide aux handicapés.

Un chien compagnon peut ouvrir de nouveaux horizons à la personne handicapée. Les activités que les individus en possession de toutes leurs facultés font naturellement, peuvent désormais être accessibles à l'handicapé grâce à l'aide d'un animal thérapeute.

L'ÉQUITATION THÉRAPEUTIQUE

L'équitation procure aux handicapés moteurs et mentaux un exercice de plein air, une expérience agréable et, surtout, une excellente thérapie. Partout dans le monde, des handicapés s'initient aux joies de cette activité. Avec l'aide d'instructeurs professionnels et de chevaux dressés à cet effet, ils ont ainsi l'occasion de reculer les frontières de leur univers. L'équitation devient ainsi une thérapie tant pour le corps que pour l'esprit.

Liz Hartel, une victime de la poliomyélite autrefois confinée à un fauteuil roulant, a joué un rôle important dans la promotion de l'équitation auprès des personnes handicapées. Cette Danoise ne voulait en aucun cas que son infirmité l'empêche de pratiquer son sport préféré. Elle insista pour intégrer l'équitation à sa rééducation et réussit ainsi à reprendre des forces et à accroître sa confiance en soi. Elle participa aux Jeux olympiques de 1952 et reçut une médaille d'argent aux épreuves de dressage.

L'année suivante fut mis sur pied en Angleterre le centre *Pony Riding for the Disabled*, la première école d'équitation pour handicapés. En 1970, Lida McCowan fonda un centre d'équitation pour enfants et adultes handicapés, le *Cheff Center for the Handicapped*, à Augusta, dans le Michigan. Il y a également le *North American Riding for the Handicapped Association* de Chicago qui enseigne l'équitation et évalue plus de deux cents programmes offerts aux États-Unis et au Canada.

L'équitation constitue pour les enfants handicapés une forme d'apprentissage empirique qui leur permet d'avoir des contacts sociaux positifs avec les instructeurs et les autres enfants. D'après les résultats d'une recherche en éducation spécialisée menée par Helen Seals Tuel, docteure en éducation, les enfants qui participent à ces programmes d'équitation spécialisée améliorent leur élocution et leurs capacités d'apprentissage. Les personnes atteintes de cécité découvrent une nouvelle forme de locomotion. Les jeunes qui souffrent de troubles affectifs améliorent leur image d'eux-mêmes et apprennent à être plus autonomes. L'équitation permet aussi aux enfants d'échapper au « syndrome de l'échec »[48]. Le *National Center for Therapeutic Riding* de Washington, D.C., vient en aide à plus de cinq cents enfants chaque année ; on y offre un programme modèle d'équitation à des fins pédagogiques.

L'hippothérapie au service des handicapés moteurs

L'hippothérapie est une forme d'équitation thérapeutique qui s'adresse principalement aux personnes qui souffrent d'un dysfonctionnement moteur[49]. Elle s'intègre dans un programme de physiothérapie qui utilise le mouvement du cheval pour aider à la rééducation du patient. Dans cette forme d'équitation, il n'est pas nécessaire que le cavalier sache monter à cheval, car celui-ci n'a pas besoin de contrôler l'animal. Le patient s'assoit sur le cheval et s'adapte, par des réflexes automatiques, au balancement à trois dimensions du cheval au pas. Chaque séance dure de vingt à trente minutes. Les bienfaits sur le plan émotionnel se font immédiatement sentir. Cette forme de thérapie active la circulation et tonifie les muscles ; elle améliore les réactions d'équilibre, les fonctions internes et la capacité respiratoire du cavalier. Les séances d'hippothérapie sont menées par un physiothérapeute, un médecin et un cavalier expert. Les physiothérapeutes affirment que les patients améliorent leur posture et l'équilibre du tronc plus facilement à dos de cheval qu'en clinique. Outre les bienfaits sur le plan physique, cette expérience positive aidera le cavalier, qu'il soit enfant ou adulte, à élargir son univers, grâce au lien affectif et à la communication qu'il entretient avec son cheval.

Le *Winslow Therapeutic Riding Unlimited* offre des cours de formation en hippothérapie et en équitation thérapeutique. Depuis ses débuts, en 1974, son programme d'hippothérapie, combiné avec des ateliers d'arts martiaux, de visualisation et de création, a aidé plusieurs milliers d'handicapés de deux à soixante-quatre ans qui souffrent de paralysie cérébrale, de spina bifida, de déficience mentale, de difficultés d'apprentissage, de troubles affectifs, d'inadaptation sociale ou d'handicaps physiques multiples.

De plus amples informations sur ces centres de formation en hippothérapie sont fournies par la *Delta Society* ou par la *North American Riding for the Handicapped Association, Inc.*, 111 E. Wacker Drive, Chicago, IL 60601.

L'équitation récréative comme thérapie

L'équitation thérapeutique récréative diffère de l'hippothérapie; elle initie le cavalier aux techniques et aux styles d'équitation, ainsi qu'à la compétition équestre. Ce type d'équitation convient à tout handicapé, physique, mental ou émotionnel. L'élève y apprend non seulement à monter à cheval, mais aussi à le soigner. L'équipe d'instructeurs, qui comprend généralement un psychologue, un orthophoniste et un éducateur spécialisé, intègre l'expérience équestre dans un programme général d'apprentissage et de réhabilitation de la personne handicapée.

L'équitation développe et tonifie les muscles du cavalier, améliore sa posture, sa coordination ainsi que la mobilité de ses articulations, et l'aide à prendre conscience de son corps dans l'espace, lui demandant à tout moment de s'adapter aux mouvements du cheval. Grâce à cette expérience, la personne handicapée n'est plus confinée à son fauteuil roulant et a la possibilité de nouer un lien affectueux avec un animal.

Les enfants handicapés mentaux et affectifs qui ont la chance d'intégrer l'équitation dans leur thérapie font des progrès remarquables. Généralement, les enfants atteints de tels handicaps n'arrivent guère à se concentrer et se sentent vite frustrés. L'équitation les aide à développer leur capacité de concentration et la maîtrise d'eux-mêmes. De plus, en apprenant à contrôler leur cheval et à lui parler, ils développent leur aptitude à communiquer. Tous ces progrès ont pour effet d'augmenter leur estime d'eux-mêmes.

Organisations offrant des programmes d'équitation thérapeutique

Depuis 1980, le *Colorado Therapeutic Riding Center* de Boulder, au Colorado, vient en aide aux handicapés, enfants et adultes. Une équipe de professionnels et de bénévoles y initie plus de cent élèves par année à diverses formes de thérapie récréative. Le programme comprend une participation à un club 4 H et du basketball à cheval. Une recherche a démontré que ce programme d'équitation constitue une méthode thérapeutique efficace. Il permet au cavalier handicapé non seulement de faire de l'exercice et d'acquérir de nouvelles habiletés, mais de lier amitié avec les autres élèves et avec les membres du personnel[50].

Fondé en 1982 à Minnetonka, dans le Minnesota, le dynamique club équestre *We Can Ride* se sert des installations et des chevaux de la *Hennepin County Home School*, en échange de quoi il forme les jeunes handicapés de l'internat, âgés de 14 à 18 ans. Les cours y sont donnés par des instructeurs spécialisés, avec l'aide de bénévoles. Au début, chaque cavalier est aidé de trois bénévoles : un qui conduit le cheval et deux qui marchent à ses côtés pour soutenir le cavalier. En 1984, onze élèves du centre ont participé à une compétition équestre organisée par la *Therapeutic Equestrian Association of Minnesota* (TEAM), les Jeux olympiques pour handicapés, et l'Association de la paralysie cérébrale. Ces onze cavaliers ont récolté dix-neuf rubans ! *We Can Ride* offre des bourses aux élèves qui en ont besoin. Jusqu'à maintenant ils ont assisté plus d'une centaine d'handicapés âgés de 4 à 67 ans.

Le *Therapeutic and Recreational Riding Center* de Lisbon, au Maryland, est un autre centre qui initie des personnes handicapées à l'équitation. Les jeunes y apprennent non seulement à monter à cheval, mais aussi à le soigner , à le seller et à le mener par la bride. Ils sont également initiés aux mesures de sécurité et à la courtoisie. Ce programme fonctionne grâce à l'aide de bénévoles et au soutien de la communauté.

Il existe aux États-Unis environ 350 organisations privées à but non lucratif qui offrent une forme ou une autre d'équitation thérapeutique aux handicapés de tous âges. Les ressources financières proviennent généralement de fonds privés ou communautaires, auxquels s'ajoutent les donations de la *United Professional Horsemen's Association*, de la *Morgan Horse Association* et de l'*American Quarter Horse Association*. De plus, des membres du *Pony Club* et des groupes 4 H offrent leurs services à titre bénévole.

La *National Association of Sports for Cerebral Palsy*, fondée en 1976, offre aux personnes qui souffrent de paralysie cérébrale ou de troubles connexes, l'occasion de participer à un sport de compétition. Les cavaliers handicapés ont ainsi la chance de relever les défis du dressage, de l'équitation et des épreuves d'adresse.

L'expérience équestre aide la personne handicapée non seulement sur le plan physique, mais aussi sur le plan affectif. Un lien d'affection se noue entre le cavalier et son cheval. Le fait de monter un cheval, de lui parler doucement et de le soigner a de fortes chances d'accroître son sentiment d'accomplissement et d'estime de soi.

Pour obtenir de plus amples renseignements et une liste des programmes d'équitation offerts aux handicapés, aux États-Unis et au Canada, contactez la *North American Riding for the Handicapped Association, Inc.*, au 111 E. Wacker Drive, Chicago, IL 60601.

LES VISITES D'ANIMAUX DANS LES HÔPITAUX

Des recherches ont démontré que les animaux peuvent aider les patients hospitalisés à se rétablir. Leur présence au chevet du malade soulage l'anxiété et la solitude de ce dernier, et réduit sa tension artérielle. Le simple fait de voir et de parler à un animal l'encourage, l'aide à surmonter la dépression et le rend plus réceptif au traitement[51]. Plus de vingt-cinq hôpitaux américains envisagent d'introduire ou ont déjà inclus la zoothérapie dans leurs traitements.

Jacquelyn McCurdy, infirmière de l'hôpital Columbia, à Milwaukee, fut l'une des instigatrices de ce type de programme. Après avoir observé l'influence bénéfique des animaux dans les résidences et les centres d'accueil pour personnes âgées, elle mit sur pied le *Pet Companionship Program*, qui permet aux patients des soins intensifs de recevoir la visite de leur animal. Le comité de contrôle des maladies infectieuses et le personnel administratif de l'hôpital y ont, bien entendu, pris des mesures préventives. Lorsqu'un patient est admis à l'hôpital, il trouve maintenant des renseignements sur le programme de zoothérapie dans sa pochette d'accueil. Tous les patients ont désormais le droit de réclamer la visite de leur animal, à moins que leur système immunitaire ne soit déficient, qu'ils ne soient aux soins postopératoires ou aient des plaies ouvertes. L'hôpital Columbia examine individuellement les demandes de visites d'animaux autres que les chiens et les chats. Il y a même un perroquet en pension dans son pavillon de gériatrie !

Le fonctionnement du programme de chiens visiteurs

Après que le patient et l'animal ont été évalués et les visites approuvées, une date est fixée. Un bénévole qualifié accueille l'animal à l'entrée de l'hôpital. Un membre de la famille doit l'accompagner et fournir son certificat de vaccination contre la rage. L'animal est alors soumis à un bref examen. Si tout va bien, il est mis dans une cage et transporté jusqu'à la chambre du malade. Il est alors relâché, mais tenu en laisse durant toute la visite. Un panneau affiché sur la porte de la chambre indique au personnel hospitalier la présence de l'animal. Et pour clore la visite, on prend une photo du patient en compagnie de son animal.

Programmes actuels de zoothérapie en milieu hospitalier

Le *Prescription Pet Program* a débuté en 1985 à l'hôpital pour enfants de Denver, au Colorado. C'est Fern Bechtel, directrice du comité de bénévoles de l'hôpital, qui en fut l'instigatrice. Son fils ayant été paralysé à la suite d'un accident d'automobile, elle avait remarqué l'action bienfaisante de leur chien de famille après une longue hospitalisation. Avec l'aide du vétérinaire Jan Facinelli, elle démarra le programme dans le pavillon d'oncologie. Ce programme pilote eut un tel effet thérapeutique qu'il fut aussi adopté dans les pavillons de psychiatrie et d'orthopédie.

Seuls les chiens adultes ayant subi un examen médical sont admis au programme. La visite ne peut avoir lieu sans l'accord du médecin et des parents. Un bénévole qualifié accompagne le chien jusqu'à la chambre du patient. L'animal est alors revêtu d'une « blouse de bénévole » afin d'éviter qu'il ne perde des poils et des pellicules. L'enfant a le droit de tenir son animal et de le caresser. L'infirmière de service assiste à chaque visite pour aider et superviser le bénévole.

Les parents, les bénévoles et le personnel qui ont participé à ce programme ont tous noté des résultats positifs. Dans chaque pavillon où les animaux sont admis, les patients ont connu une baisse considérable du niveau de stress et d'anxiété, et ont commencé à s'ouvrir davantage à la suite de ces visites.

Un programme semblable, la *Furry Friends Foundation*, a été mis sur pied à l'hôpital pour enfants de Stanford, en Californie, grâce à l'initiative de Judy A. Kell qui avait été convaincue de la valeur thérapeutique du contact entre l'enfant et l'animal après avoir observé le rapport affectueux qui s'était noué entre sa propre fille Jennifer, atteinte de cancer, et son chat Tabatha. Celui-ci ne l'avait pas quittée d'un centimètre au cours de sa convalescence à la maison. Cette expérience incita Judy à créer un programme qui permettrait aux enfants hospitalisés de recevoir la visite d'animaux. Il était essentiel que les animaux soient en excellente santé, car la plupart de ces enfants avaient un système immunitaire affaibli par leur maladie ou leurs traitements. Avec l'aide du pédiatre Cecil Agee et du vétérinaire John Quick, animaux et bénévoles furent recrutés ; grâce au soutien de la communauté, dont les contributions du *Morgan Hill Rotary Club* et l'aide de bénévoles du groupe 4 H local, le programme fut mis sur pied.

En janvier 1984, les premiers animaux rendirent visite aux enfants de l'hôpital, accompagnés de bénévoles. Il y avait un berger anglais, un airedale, deux cockers, un setter irlandais, un chien guide, un chat, un rat et des lapins. Depuis, les enfants ont également reçu la visite de moutons, de lamas, d'oiseaux et de serpents.

Ce programme, qui s'est avéré bénéfique tant pour les convalescents que pour les bénévoles, a confirmé qu'un animal peut atteindre un enfant comme personne ne saurait le faire. Aujourd'hui, l'organisme *Furry Friends* utilise une grande diversité d'animaux que lui fournissent des éleveurs, les groupes 4 H, les *Future Farmers of America*, des associations de protection d'animaux sauvages ainsi que les zoos de la région. L'organisation a étendu son champ d'action ; désormais, elle visite et conseille d'autres hôpitaux de la région de San Francisco, parmi lesquels se trouvent des hôpitaux pour enfants ainsi que des centres de traitement spécialisés.

La fondation *Furry Friends* est une organisation à but non lucratif qui dépend de la générosité de ses bénévoles et de donateurs privés. Pour de plus amples informations, contactez Judy A. Kell, P.O. Box 1593, Morgan Hill, California 95037.

Le commandant Major Lynn John Anderson, médecin vétérinaire, a constaté l'action bienfaisante des animaux visiteurs au *U.S. Military Health Services*. Le traitement administré aux patients du *United States Soldiers' and Airmen's Home* à Washington, D.C., inclut un programme de visites de chiens et de chats. Le docteur Anderson a noté le succès du programme, particulièrement en pédiatrie. Les enfants adorent voir leur animal à l'hôpital. (Un jeune garçon de huit ans, qui était terrifié à l'idée de subir une opération à cœur ouvert, fut rassuré par l'examen d'une cicatrice de son chien.) Les enfants ont souvent du mal à surmonter leur peur de la chirurgie. La présence de leur animal à l'hôpital les aide à combler l'écart entre l'atmosphère souvent intimidante de l'hôpital et la sécurité de leur foyer. De plus, la présence de leur animal les aide à exprimer ce qu'ils ressentent, à s'ouvrir aux membres du personnel et à parler aux autres patients.

LA ZOOTHÉRAPIE AU SERVICE DES ENFANTS SOUFFRANT DE TROUBLES AFFECTIFS

Les enfants qui souffrent de troubles affectifs ont souvent du mal à communiquer et à entretenir des rapports avec autrui. En présence d'animaux, cependant, cette inadaptation semble s'atténuer. Dans un ouvrage sur la question[52], le psychologue Boris Levinson traite de l'action thérapeutique des animaux dans les centres de réhabilitation pour enfants. Il a observé que la présence affectueuse des animaux aide les enfants à prendre des décisions et à acquérir un sens des responsabilités ; elle confère aussi à l'institution une atmosphère familiale. Les animaux donnent aux enfants qui ne se sont peut-être jamais adonnés à des jeux insouciants, l'occasion de se comporter comme de vrais enfants. Ils ne dévoilent jamais les secrets ni ne trahissent la confiance que ces enfants méfiants et troublés placent en eux. Ainsi, les contacts avec les chiens, les chats, les serpents, les oiseaux ou d'autres animaux permettent à ceux-ci de se sentir à l'aise dans une relation intime et compatissante.

Un des premiers animaux thérapeutes à travailler avec des enfants fut un chien très affectueux du nom de Skeezer[53]. Il eut une influence bénéfique sur des enfants atteints de troubles mentaux traités dans un hôpital du Michigan. Ces jeunes patients se calmaient dès qu'ils apercevaient Skeezer qui se reposait dans le corridor. Le chien avait sa niche à l'hôpital. Sa présence permanente aidait ces enfants troublés à se sentir en famille.

Les programmes de réhabilitation à la ferme pour les enfants souffrant de troubles affectifs ou d'inadaptation sociale se servent des animaux de la ferme pour créer des expériences de travail positives. En prenant soin du bétail et des autres animaux, ces enfants ont l'occasion de se défaire de leur sentiment d'échec, de se fixer des objectifs et de les réaliser. Les travaux de la ferme donnent aux enfants de la ville l'occasion de se familiariser avec un nouveau style de vie et de s'occuper d'autres créatures. En apprenant à respecter les besoins des animaux, ils seront plus en mesure de respecter ceux de leurs congénères.

Le contact avec les animaux au grand air permet à ces jeunes, qui sont souvent tendus et anxieux, de s'extérioriser. Les animaux, qui savent aimer sans ambivalence, donnent à l'enfant le sentiment d'être accepté. Leur dépendance lui fournit l'occasion de se sentir valorisé et de se défaire peu à peu d'une perception négative de lui-même. L'enfant se met à réaliser ses objectifs, puis s'aperçoit qu'il peut participer aux compétitions des 4 H et même gagner! Après toute une vie passée à ne voir que le côté négatif des choses, une telle expérience peut marquer un tournant dans la vie d'un enfant. En nourrissant, en soignant et en éduquant des animaux, celui-ci acquiert un sentiment de fierté. Plutôt que d'utiliser son énergie pour faire du tort à son entourage, il apprend à travailler de façon constructive et à prodiguer son affection.

Le *George B. Page Boys Ranch* de Ojai, en Californie, compte parmi les programmes efficaces de réhabilitation pour enfants difficiles. Les jeunes s'y occupent des animaux de la ferme et acquièrent ainsi un sentiment d'accomplissement tout en apprenant plein de choses. Des cours de dressage de chien font aussi partie du programme. En travaillant avec les animaux, ces garçons hyperactifs apprennent à se concentrer et à canaliser leur énergie. La présence d'animaux aide également à nouer des rapports harmonieux entre les enfants et les membres du personnel.

L'enfant qui souffre de troubles affectifs est souvent placé dans une institution spécialisée. Qu'il soit d'âge préscolaire ou adolescent, il a besoin de contact, d'acceptation et d'amour. L'enfant en proie à la peur et replié sur lui-même refuse de verbaliser ses sentiments, ou en est incapable. Les thérapeutes et le personnel de ces centres qui travaillent en collaboration avec des animaux s'aperçoivent que ceux-ci peuvent aider les enfants à s'engager de pied ferme sur le chemin difficile qui mène à l'expérience positive de la réalité.

LA ZOOTHÉRAPIE EN MILIEU CARCÉRAL

Les animaux font maintenant partie du personnel des prisons et leur présence a une influence bénéfique sur le moral des détenus. Les programmes de zoothérapie dans les établissements pénitentiaires aident les prisonniers, le personnel ainsi que les refuges pour animaux, et constituent une ressource pour la communauté. En apprenant à travailler avec les animaux, les détenus, qui souffrent souvent d'inadaptation sociale, ont l'occasion de se sentir acceptés et de s'adonner à des activités productives et positives.

Un des premiers programmes de zoothérapie en milieu carcéral fut lancé en 1975, sous la direction de Dave Lee, travailleur social au *Lima State Hospital for the Criminally Insane*, en Ohio. Trois perroquets et un aquarium ont été introduits dans un des pavillons. Les patients, qui pour la plupart étaient déprimés et repliés sur eux-mêmes, se mirent à nouer un rapport avec les animaux et à leur parler. C'est ainsi que débuta le premier programme de zoothérapie réussi dans un hôpital psychiatrique à sécurité maximum. En 1986, on comptait 164 animaux dans plus de la moitié des pavillons de l'hôpital de Lima. Parmi ces animaux se trouvaient des poissons, des canards et des oies, des chevreuils, des chèvres, des aras, des perroquets, des perruches, des hamsters, des lapins et des chats. Grâce à ce programme, les patients ont appris à sortir d'eux-mêmes pour s'occuper d'autres créatures vivantes. Ils chassaient les insectes pour nourrir les oiseaux et ont appris à soigner un cochon d'Inde femelle qui était enceinte. Ils manifestaient de l'intérêt et de l'affection pour les animaux et un désir d'aider d'autres êtres à vivre. La prison possède maintenant une serre où poussent des plantes tropicales qui sont échangées contre des graines pour les oiseaux et de la nourriture pour les lapins.

Des recherches menées au *Lima* ont démontré le succès de cette forme de zoothérapie. Une des études a comparé les pavillons avec animaux et ceux qui n'en ont pas. Les patients qui avaient des contacts avec les animaux n'avaient besoin que de la moitié des médicaments prescrits, se comportaient moins violemment et ne faisaient pas de tentatives de suicide (alors qu'on avait enregistré neuf tentatives de suicide au cours de la même période dans le pavillon sans animaux). On constata que les animaux aidaient le personnel à pourvoir aux besoins des patients. Les petits animaux avaient une action particulièrement salutaire grâce au contact physique qu'ils avaient avec les patients. (Certains petits animaux avaient le droit de rester dans les chambres pour réconforter des patients en période de dépression ou d'isolement.) Les animaux donnaient à ces hommes l'occasion de détourner leur attention de leur propre personne tout en apprenant à fournir un foyer à leurs protégés. Souvent, cette expérience marquait le début d'une métamorphose sur le plan social ou affectif[54].

Au *Purdy Treatment Center for Women*, à Gig Harbor, dans l'État de Washington, un programme appelé *Prison Partnership* se sert d'animaux dans le cadre d'une formation professionnelle pour les détenues. Ce programme est dirigé par les dresseurs Don Jecs et Marsha Hinkle. À la vue des heureux résultats des programmes de zoothérapie dans les autres établissements pénitentiaires, les administrateurs des prisons de l'État de Washington se montrèrent favorables à ce projet innovateur qui profite aussi bien aux prisonnières qu'au reste de la communauté. Ainsi, des chiens que l'on aurait sans doute euthanasiés ont l'occasion de contribuer à la rééducation des détenues.

Le programme est facultatif. Les détenues qui décident d'y participer s'inscrivent à un cours de onze semaines au Collège communautaire de Tacoma. Ce cours les initie au comportement des chiens et aux soins à leur prodiguer, au dressage de base et avancé des chiots et des chiens adultes, au dressage des chiens pour les handicapés moteurs et pour les malentendants, aux contacts avec les vétérinaires et à l'entretien des chenils.

Les membres du personnel de la prison soulignent les changements positifs qui s'opèrent chez les femmes qui participent au programme. Celles-ci ne peuvent le poursuivre que si elles font preuve de contrôle et de maîtrise d'elles-mêmes. Elles se montrent de plus en plus coopératives dans les divers aspects de la vie en prison, et reprennent espoir en leur avenir. Les « Purdy dogs », comme les appelle Leo Bustad, sont en train de transformer la vie à l'intérieur comme à l'extérieur des murs de la prison.

Le vétérinaire Earl Strimple a mis sur pied un programme de zoothérapie au *Medium Security, District of Columbia Correctional Facility*, à Lorton, en Virginie. Ayant observé à quel point le programme PAL (*People-Animals-Love*) avait enrichi la vie des personnes âgées et des personnes institutionnalisées, il l'introduisit à Lorton, en 1982. Le club PAL y est composé de quarante détenus qui se réunissent tous les jeudis soirs pour apprendre à soigner les animaux. Quarante petits animaux, dont des oiseaux, des poissons, des lapins et des cochons d'Inde, résident dans l'établissement pénitentiaire où les soins vétérinaires, la nourriture et autres soins leur sont fournis. Les membres du club s'occupent des animaux et publient un bulletin sur ses activités. En choyant les animaux, les détenus ont l'occasion d'exprimer des sentiments positifs sans avoir à craindre d'être rejetés. Ces hommes voient ainsi s'accroître leur estime d'eux-mêmes. Le programme connaît un tel succès qu'il y a même une liste d'attente pour les détenus qui veulent s'y joindre. Le personnel de l'institution est enchanté des progrès des prisonniers et de l'augmentation du sens des responsabilités qu'apportent les animaux thérapeutes.

On peut se procurer le profil de ce programme innovateur et fort bien conçu à la *Delta Society.*

NOTES

1. R.A. Mugford et J.G. M'Comisky, « Some Recent Work on the Psychotherapeutic Value of Caged Birds with Old People », *Pet Animals and Society*, R.S. Anderson, éd., London, Bailliere Tindall, 1975.

2. A.H. Katcher, E. Friedmann, A. Beck et J. Lynch, « Talking, Looking, and Blood Pressure: Physiological Consequences of Interaction with the Living Environment », travail présenté lors de l'*International Conference on the Human-Companion Bond* à Philadelphie, du 5 au 7 octobre 1981.

3. Bruce Fogle, *Pets and Their People*, Middlesex, England, Penguin Books, 1983; New York, Penguin Books, 1984.

4. Aaron Katcher et Alan Beck, *Between Pets and People*, New York, G.P. Putnam's Sons, 1983.

5. Aaron Katcher, *Interrelations Between People and Pets*, Springfield, Illinois, Charles C. Thomas, 1981.

6. Norman Cousins, *The Healing Heart*, New York, Avon Books, 1984.

7. Norman Cousins, *Anatomy of an Illness*, New York, W.W. Norton, 1979.

8. Meyer Friedmann et Ray Roseman, *Type A Behavior and Your Heart*, New York, Knopf, 1974.

9. Hans Selye, *Le Stress de la vie*, Gallimard, Paris, 1975. Édition originale: *The Stress of Life*, édition revue et corrigée, New York, McGraw Hill, 1976.

10. T.H. Holmes et H.G. Wolff, « Life Situations, Emotions and Backache », *Psychosomatic Medicine*, n°14, 1952 et R.H. Rahe, « The Pathway Between Subjects: Recent Life Changes and Their Near-Future Illness Reports: Representative Results and Methodological Issues », *Stressful Life Events: Their Nature and Effects*, B.S. Dohrenwend et B.P. Dohrenwend, New York, Wiley, 1974.

11. J. Johnson et I. Sarason, « Life Stress, Depression and Anxiety : Internal-External Control as a Moderator Variable », *Journal of Psychosomatic Research*, n°22, 1978.

12. Lynette A. Hart, « Effects of Pets in California Public Housing for Elderly : Perspectives of Residents and On-Site Managers », exposé présenté lors d'une conférence internationale de la *Delta Society*, intitulée « Living Together : People, Animals, and the Environment », tenue à Boston, du 20 au 23 août 1986.

13. Jean Piaget, *The Essential Piaget*, édité par Howard E. Gruber et J.Jacques Voneche, New York, Basic Books, 1977.

14. Erik H. Erikson, *Identity and the Life Cycle*, New York, W.W. Norton, 1979.

15. Abraham H. Maslow, *Toward a Psychology of Being*, deuxième édition, New York, D. Van Nostrand Co., 1968. Édition en français : *Vers une psychologie de l'être*, Fayard, 1972.

16. Carl R. Rogers, *Client-Centered Therapy : Its Current Practice, Implications, and Theory*, Boston, Houghton, 1951.

17. Fritz Perls, *Gestalt Therapy Verbatim*, Lafayette, Californie, Real People Press, 1969.

18. Peter R. Messent, « Facilitation of Social Interaction by Companion Animals », exposé présenté à l'*International Conference on the Human-Companion Bond*, à Philadelphie, du 5 au 7 octobre 1981.

19. *Becoming Partners : Marriage and Its Alternatives*, New York, Dell Publishing, 1972.

20. *Do I have to give up me to be loved by you ?* Minneapolis, Comp Care Publications, 1983.

21. *Pet-Oriented Psychotherapy*, Springfield, Illinois, Charles C. Thomas, 1969 et *Pets and Human Development*, Springfield, Illinois, Charles C. Thomas, 1972.

22. *The Complete Dr. Salk : A to Z Guide to Raising Your Child*, New York, New American Library, 1983.

23. Jack C. Horn et Jeff Meer, « The Pleasure of their Company : A Report on *Psychology Today's* Survey on Pets and People », *Psychology Today*, août 1984.

24. *Between Parent and Child*, New York, Macmillan, 1965.

25. Frances L. Ilg, Louise B. Ames et Sidney M. Baker, *Child Behavior : From the Gesell Institute of Human Development*, édition revue et corrigée, New York, Harper and Row, 1981.

26. *Your Child's Self-Esteem*, New York, Doubleday, 1970.

27. *Creative Person and Creative Process*, New York, Holt, Rinehart & Winston, 1969.

28. Thomas E. Catanzaro, « The Human – Animal Bond in Military Communities », in *The Pet Connection*, édité par Robert Anderson, Benjamin Hart et Lynette Hart, Minneapolis, Center to Study Human-Animal Relationships and Environments, University of Minnesota, 1984.

29. *P.E.T.: Parent Effectiveness Training – The Tested New Way to Raise Responsible Children*, New York, P.H. Wyden, 1972.

30. Philip G. Zimbardo et Shirley L.Radl, *The Shy Child: A Parent's Guide to Overcoming and Preventing Shyness from Infancy to Adulthood*, Garden City, New York, Doubleday & Co., Dolphin Books, 1982.

31. Leo K. Bustad, *Animals, Aging, and the Aged*, University of Minnesota Press, Minneapolis, 1980.

32. *Pet-Oriented Child Psychotherapy*, Springfield, Illinois, Charles C. Thomas, 1972.

33. Samuel A. Corson et Elizabeth O'Leary Corson, « Pet Dogs as Nonverbal Communication Links in Hospital Psychiatry », publié dans la revue *Comprehensive Psychiatry*, vol. 18, n° 1, Janvier/Février 1977.

34. Samuel A. Corson et Elizabeth O'Leary Corson, « The Socializing Role of Pet Animals in Nursing Homes: An Experiment in Nonverbal Communication Therapy », publié dans *Proceedings of the International Symposium on Society, Stress and Disease: Aging and Old Age*, du 14 au 19 juin 1976, New York, Oxford University Press, non daté.

35. *Skeezer: Dog with a Mission*, Irvington-On-Hudson, New York, Harvey House, 1973.

36. « Some Recent Work on the Psychotherapeutic Value of Caged Birds with Old People », publié dans *Pet Animals and Society*, édité par R.S. Anderson, London, Bailliere Tindall, 1975.

37. « Companion Animals for the Elderly », in *Dynamic Relationships in Practice: Animals in Helping Professions*, édité par Phil Arkow, Alameda, Californie, The Latham Foundation, 1984.

38. Sharon E. Bolin, « Effects of Companion Animals During Conjugal Bereavement », exposé présenté lors d'une conférence internationale de la *Delta Society*, intitulée « Living Together: People, Animals and the Environment », tenue à Boston du 20 au 23 août 1986.

39. Lynette A. Hart, « Effects of Pets in California Public Housing for Elderly: Perspectives of Residents and On-Site Managers », exposé présenté lors d'une conférence internationale de la *Delta Society*, intitulée « Living Together: People, Animals, and the Environment », tenue à Boston du 20 au 23 août 1986.

40. Samuel A. Corson et Elizabeth O'Leary Corson, « Companion Animals as Bonding Catalysts », publié dans *Geriatric Institutions in Interrelationships Between People and Pets*, édité par Bruce Fogle, Springfield, Illinois, Charles C. Thomas, 1981.

41. Clark M. Brickel, « The Therapeutic Roles of Cat Mascots with a Hospital-Based Geriatric Population: A Staff Survey », publié dans *The Gerontologist*, vol. 19, n° 4, 1979.

42. I.M. Salmon, R.S. Salmon, R.S. Hogarth-Scott et R.B. Lavelle, « A Dog in Residence », étude sur les animaux de compagnie menée à la demande du *Joint Advisory Committee on Pets in Society (JACOPIS)*, Australie.

43. *Guidelines: Animals in Nursing Homes*, édition revue et corrigée, California Veterinary Medical Association, 1987.

44. « Pet-Facilitated Therapy Grows Up », *The Latham Letter*, vol 11, n° 3, été 1986.

45. *Animals in the Nursing Home: A Guide for Activity Directors*, Colorado Springs, Colorado, McLeod, 1982.

46. *The Loving Bond: Companion Animals in the Helping Professions*, Californie, R & E Publishers, 1987.

47. *« Service Dogs and Social Acknowledgment of People in Wheelchairs: An Observational Study »*, exposé présenté lors de la conférence internationale de la *Delta Society* intitulée « Living Together: People, Animals, and the Environment », tenue à Boston du 20 au 23 août 1986.

48. « An Extended Treatment of the Impact of Therapeutic Horseback Riding on the Physical and Psychological Well-Being of Children and Adults with Motor, Sensory and Intellectual Impairments », thèse de doctorat présentée en 1985 au George Peabody College de l'Université de Vanderbilt.

49. Barbara Glasow, du *Winslow Therapeutic Riding Unlimited* (Warwick, New York), Jan Spink, du *EFT Services* (Chesterfield, Missouri) et Beth Stanford, du *Throncroft Equestrian Center* (Malvern, Pennsylvanie), sont des praticiennes de premier plan dans le domaine de l'hippothérapie.

50. V. Marie Fox, R. Lawler et Marvin Luttges, « Measurement Device for Therapeutic Horseback Riding », exposé présenté lors d'une

conférence internationale de la *Delta Society* intitulée « Interactions of People, Animals, and the Environment », tenue à Denver, au Colorado, du 4 au 6 octobre 1985.

51. Jacquelyn McCurdy, « Pet Companionship Program in the Hospital Setting »; Lynn John Anderson, « Development of Viable Human – Animal Bond Program in the U.S. Military », exposés présentés lors d'une conférence internationale de la *Delta Society* intitulée « Living Together: People, Animals, and the Environment », tenue à Boston du 20 au 23 août 1986.

52. *Pet-Oriented Child Psychotherapy*, Springfield, Illinois, Charles C. Thomas, 1972.

53. Elizabeth Yates, *Skeezer: Dog with a Mission*, New York, Harvey House, 1973.

54. Dave Lee, « Companion Animals in Institutions », in *Dynamic Relationships in Practice: Animals in the Helping Professions*, édité par Phil Arkow, Alameda, Californie, The Latham Foundation, 1984.

TABLE DES MATIÈRES

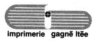

imprimerie gagné ltée

IMPRIMÉ AU CANADA